THE LAWS OF PERSEVERANCE

忍耐之法

為了逆轉「常識」

大川隆法

Ryuho Okawa

台灣幸福科學出版有限公司

目錄

Contents

第3章 關於「德」的產生——摒棄私心活於天命

第4章 不敗之人——超越世間勝負的人生態度 225

第5章 逆轉常識——開拓嶄新時代的「真理」的力量 297

前言

做為職業的「宗教家」，確實是被久經鍛鍊的。特別是關於「忍耐力」，可以說是一項必修的修行。

首先是來自父母、兄弟姐妹、夫婦、親戚的反對，然後是必須忍耐鄰居和職場上人們的謠言與惡口，忍耐來自顧客的不滿，甚至還必須忍耐週刊雜誌的惡意批判。

並且，不管再怎麼努力，還是會持續地被各大報或電視台忽視，對於他們如此的默殺權力，亦必須忍耐。有時也不得不忍耐來自政府或公務單位的打壓。此外，隨著教團的發展，必會出現任務已經告一段落之人，而這些人也會從外部阻礙後進之人的發展，對此亦必須忍耐。從總體來說，各位必須和「世間的常識」、「學問的常識」以及「傳統宗教的常識」持續進行挑戰，否則就無法護持「真理的法燈」。本書雖然列舉了過去偉人們的極端例子，但那必定會成為各位精神上的支持。

二〇一三年　十二月

幸福科學集團創立者兼總裁　大川隆法

心靈指針《即便感到痛苦》

即便感到痛苦，
也不要講洩氣的話。
人生不會都是平坦的道路。

走在上坡時，
誰都會感到痛苦。
忍耐的時期，
必定會到來。

越是能延伸的彈簧，
就越是會回縮。
在你成長之前，
首先必須累積力量。

秋季樹葉散落之時，
儘管讓人感到悲涼，
但那並非代表結束。
雖然看似重歸為零，
但春天的新芽卻靜靜孕育著。
那看不見的生命，

正做著萬全的準備。

所以，
即便感到痛苦，
也不要講洩氣的話。
為了下一次飛躍的機會，
要持續地累積力量！

第1章

克服低潮的方法

——寫給想要讓運勢好轉的你

1 誰都有可能經歷低潮

低潮常會於各種場合造訪

本章的題目是「克服低潮的方法」。

「低潮」一詞，是源自英文單詞「Slump」，若是直譯成日文的話，它相當於「成績不振」、「不順」等詞語。

一般而言，低潮的前提是某事在某種程度上進展很順利，但後來突然變得不順利。這個時期即可稱為陷入了「低潮」。

若將「低潮」一詞用於小孩子或學生身上的話，即是指「成績一向很好的人，突然成績下滑」，或是「原本很擅長運動的人，突然表現不佳」等等。

譬如，有時候棒球隊的第四棒打擊手，變得完全打不到球。在縣市的比賽中，曾以高打擊率為自豪的選手，在甲子園比賽時，卻因為緊張而屢屢失手，完全打不出安打。在體育的世界中，這種情況就常被稱為「低潮」。

除此之外，若是任職於公司的人，常常會面對「工作突然不順」的時期。至今明明進展順利，卻突然業績惡化，如此經驗恐怕誰都曾經歷過吧！當然，經濟變得不景氣，每一家公司或個人的業績都惡化時，此時或許不能稱為「低潮」。所謂的「低潮」，並非是指這種情形，而是如前方所述，只是自己突然變得不順利的時期。

譬如，在跑業務的過程中，完全賣不出商品；或者是在企劃會議上，也完全想不出來點子；要不就是想出來的點子，也無法熱賣。當狀況好的時候，想出來的點子總是能有賣點，但有些時候就是怎麼樣也完全不奏效。

此外，在人際關係方面，也會有低潮的時期。譬如，至今的人際關係都很好，但由於某種差錯，與某人產生了衝突，從此之後，幾乎無一例外地，和其他的人也發生了摩擦，最終陷入了孤立的狀態。就像這樣，人際關係有時候也會出現問題，使人失去自信。

當然，從宏觀的角度來看，或許當中還包含了其他各種要素。

再進一步說，低潮的狀況不僅會發生在個人身上，也同樣會發生於一定規模的團體。

拿棒球來說，球隊整體的士氣有時會陷入低潮；在公司當中，組織整體的士氣有時也會變得不佳。在某種程度上，有著共同的價值觀，處於同樣的心境、同樣的心理狀態的集團，有時就是會出現整體士氣下滑的情形。

不過，本章主要是將焦點放在「個人的低潮狀態」。

人們將「運勢的起伏」視為經驗法則

人們常常會提到「運勢」、「運氣」等，自古以來世間就廣泛流傳著「人生當中有著『運勢的起伏』、『運氣的起伏』，既有『走好運的時候』，亦有『運勢不濟的時候』」等說法。也因此，世間流行著各種各樣的占卜，其中還有著以十二年為週期來觀察這種運勢的理論。

此外，近年在壽險的銷售中，還有人使用著「生物節律」的理論。相信很多人曾被業務員告知：「人存在著生物節律，有一種以生日為基準的運勢起伏。若是再結合星座占卜的話，你將會有著這樣的運勢。」

生物節律不同於一般的占卜，它常常會連結生理學或肉體上的條件，觀察那運勢起伏，的確有時能夠瞭解到「現在自己正處於運勢不佳的時期啊！」當然，每個人的運勢皆有不同，但有人認為「只要掌握好那法則，大致就能做好防範了」。

然而，若是過分地執著於那樣的法則，或是先入為主的觀念過強的話，那就有危險了。譬如，當你被告知「你不久就會陷入低潮」，之後你便如此自我暗示，結果就真的變成了那個樣子。太輕易相信運勢的人，很容易接受不好的暗示，所以必須要多加留意，以免受到影響。

運勢的高低起伏，在長久的歷史當中，在某種程度上任誰都曾感受過如此經驗法則。但是，若是想要對此進行理論化的整理，並加以妥善地說明的話，就變得非常困難了。如果有人能夠分毫不差地做出準確預測，那就會成為一檔非常流行的生意，然而，由於無法達到如此境界，所以現實中到處都在進行枝微末節的研究。

不管如何，本章將以「低潮」這個一般性的主題為中心，講述「在低潮之時，應該要抱持何種心態、該如何自處」，或者說「今後該如何生活下去」。

2 低潮時期應有的自覺

越是「優秀的人物」，反而越容易陷入低潮

在各位讀者當中，說不定有人會說「我從來沒有陷入低潮過」。當然，如果此人是「絕對的好運男」、「絕對的好運女」，始終處於最佳狀態的話，那確實是很不簡單的。若真是如此，我實在是非常欽佩，周遭之人或許都會給予掌聲吧！

然而，「從未有過低潮」之人，通常都是極其平凡度日的人，所以

他們僅是沒有低潮可陷入。從這層意義來說，「從未有過低潮」，未必稱得上是一件好事。

對於一個沒有好好讀書、運動、工作，亦未曾思考過人際關係，只是如同於漂浮在海中的水母一般過活的人而言，或許根本就不會有低潮。因此，對於「從未有過低潮」的說法，請各位不要有所誤解。

一個人必須要在某種程度上，有過比其他人更優秀和順利的時期，或是在才能和工作方面曾得到過眾人的稱讚等，但在某個時點突然變得狀態不佳，這種情況方才能稱之為「低潮」。

譬如在棒球場上，對於打擊率本來就只有一成的打手，即便此人自己說自己「陷入低潮」，那也不是真正的低潮，而是「沒有才能」。雖然此人會說「怎麼回事？打不到球！這下陷入低潮了」，但他是從一開始就打不到球，現在也打不到而已。然而若是一個打擊率為三、四成的打擊手，表現突然變得低落，就可形容為陷入低潮，所以對此請各位不可錯誤理解。本來底子就有問題的選手，此時不可以「低潮」一語帶過，而是應該要加強訓練、提高能力。

總之，「低潮」是指在一定程度上有著才能，善於工作和精力充沛的人，突然出現了不佳的狀態。或者是，正因為此人有著遠大的理想，並時常在追求如此理想，對自己要求很高，進而變成了完美主義者，或是不論在學習、運動或工作上，都必須獲得滿分才滿意，越是有如此想法的人，就越是會容易陷入低潮。

從這個意義上來說，聚集於幸福科學的人們當中，很多人帶著理想家色彩、屬於追求理想的類型，所以常有人一旦無法達到「百分之百的自己」、「滿分的自己」，就會感到很失落。

不論是任何事情，至今明明進展很順利，但從今年開始卻突然形勢惡化，對此恐怕誰都會感到煩惱吧！的確，在各種場合都有著陷入低潮的契機。

就像這樣，想必有很多人為低潮狀態而感到痛苦，但在此我希望各位首先要理解到，就像本文至今所說的，「陷入低潮」正意味著你在某方面是一位優秀的人才，對此不可不知。

自己的才能、業績、志向、理想，是否有著與眾不同的非凡之處、優越之處？或者自己是否正努力要成為那樣的人？正是這樣的人，才會出現低潮。

正因為是菁英才會發生的「悲劇」

當人們狀態不佳時，很容易陷入自我否定，進而全盤地否定自己，認為「自己是沒用的」，對於自己的所作所為也通通不滿意。在這些人當中，甚至還有人漸漸罹患躁鬱，最後走上自殺一路。

優秀之人也經常發生這樣的事情。更確切地來說，正因為他們相信「自己是很優秀的」，所以才會感到絕望進而選擇自殺。這是心態的問題，所以必須多加留意。

在現代，自殺之人當中很多都是菁英。諸如學歷菁英、企業菁英等，一直以來都非常順利的人，一旦他們輸給了同期的人，或遭到貶職等，遭遇某種困境的時候，就很容易感到灰心喪志，進而選擇自殺。

實際上，與日本人整體的平均值相比較，越是特殊的菁英所聚集的地方，就越是經常會出現自殺者。譬如，以前在日本的某個公家單位，據說有一成的新進公務員會選擇自殺。正因為這些人從世俗的角度來看，是非常優秀的人，所以也會容易感到挫折，進而選擇自殺。

他們感到挫折的理由，從世間一般人來看，或許根本是不須在意的。然而，他們是在那狹隘的集團當中思考成功和失敗，就好比是從富士山的八合目（編譯：人們將富士山的高度分為十等分，最低的登山口為一合目）朝著山頂進攻為目標，進行一決勝負的競爭一般。然而，絕大部分的人根本走不到八合目，通常是到了三合目或五合目時，就已經開始叫苦連天了，能夠到達雲霄的八合目的僅有十幾二十個人，這些人以攻頂的目標展開競爭，最終未能第一個到達山頂的人，便說著：「那個人的速度比較快！實在是太悔恨了，我就在此結束生命吧！」這種的情形實在是非常多。這些人就是因為頭腦反應快、洞察力敏銳，所以就早早地結束了人生。

此時，光是靠學問的力量是無法跨越的，還必須要宗教的力量。必須要讓自己變得更強大，並堅持到最後才行。若非如此，那麼轉生於世間的意義就太淡薄了。單憑在狹小世界當中的得失勝敗，來判斷自己全部的人生，這實在是太可惜了。

此外，在本業工作中獲得成功的人，常常無法容忍自己在本業以外的事情失敗。從其他人來看，明明是常有的事情，但此人卻因此感到心灰意冷。譬如在人際關係上，常常會出現各種的問題，和朋友之間的問題、和親人之間的問題、夫妻之間的問題、孩子的問題，或是和鄰居之間的問題等等。一般來說，那些都是微不足道的事情，但很多人卻因此受挫、倍感苦惱，結果影響到本業工作，從此變得一蹶不振，對此必須多加警惕。

當然，對於陷入低潮狀態的人而言，和過去閃閃發光的自己，或是和理想的自己相比，確實會感到現在的自己處於非常悲慘的狀態。對於如此情緒，的確有同情的餘地。

然而，做為第一個要點，請各位務必承認並接受這樣的事實：「會陷入低潮的人，是有著優秀人格的。」

3 思索自己在整體中的定位

從統計學的角度來看，情形到底為何？

此外，陷入低潮狀態的人，常會認為「自己是沒用的」。然而，那只不過是從「最優秀的自己」、「理想的自己」來看，自己現在的狀態不太好，而並非是放在「全人類當中」、「全日本人當中」，或者是「全部男性當中」、「全部女性當中」進行比較的時候，自己真的是最沒用的、最差勁的廢物。世界上沒有任何一個人，能夠對這種的問題進行判定。

或許此人有著「自己是男人當中的廢物」、「女人當中的廢物」「全人類當中的廢物」等這般的自我形象，但是到底有誰曾對此進行過調查呢？

然而，有些男人僅僅是因為在工作中，被上司嚴厲地叱責：「你做的工作太糟糕了，簡直不像話！」或者是被深愛的女人無情地甩掉之後，就自認為：「自己是全人類中最差勁的男人。」

在這個時候，請務必從統計學的角度思考，到底實際情形如何？「自己是全人類中最差勁的人」，這種事情是絕對不可能的。

如果在狹隘的世界、狹隘的人脈當中，感到「自己失敗了」、「自己是最差勁的人」、「自己是無藥可救的人」等等，那麼請務必將視野擴大，好比是透過廣角鏡頭進行觀察一般，來看看自己。

在更大的集團當中，自己到底是怎樣的人？

從自己同年代的人們來看，情況又是如何？

從自己母校的全體畢業生，或是與自己任職於相同職業的全體人來看，自己的情況又是怎樣？

希望各位能夠從更為遠大的視角進行思考。

此外，也請各位認真思考，自己是否真的是處於非常糟糕，猶如遭到隕石撞擊般的不幸狀態？

觀察機率亦很重要

譬如，有人到了四十歲左右的時候，還在為「無法成為課長」而煩惱。然而，在公司裡，並非是所有的人都能夠成為課長。從公司的規模來看，就可大致知道，約有多少人能夠成為課長。

在製造業的公司當中，成為課長的機率或許還不到十分之一，或者說只有二十分之一。如果該公司的性質是「本來就不怎麼需要管理人員，而是更需要眾多的專業技術員、事務性人員、作業員，根本不須誰來當『頭』」的話，那麼在進入這間公司的時候，就應該知道自己能夠成為課長的機率，十個人當中或二十個人當中只有一個。就機率而言，那是早在二十多年前就已經確定的事實，自己既然選擇了這間公司，在某種程度上，就必須了解到「無法升為課長，並非是自己的表現特別差」。

當然，在服務業當中，相對來說比較容易獲得晉升。若是進入商社或銀行的話，課長的人數幾乎多到了「招牌砸下來，砸到的人就是課長」的地步。但是即便如此，也只有一半左右的職員能夠成為課長，另一半的職員則晉升無望。就像這樣，對於各個公司的情況，是可以看透「從整體上來看，大致有多少人能升等」。

此外，成為幹部或董事的機率，有的公司是「同期入社的職員當中會出現一人」，也有的公司是「僅有三個人左右能出線」，還有的公司是「三年裡會出現一人」，或「五年裡會出現一人」。

對此，從統計學來進行分析，便能夠瞭解大致的機率。因此，只要以此為基準進行計算即可。或許有人會說「若是無法成為社長，即表示自己是沒用的」。可是，在員工人數超過了五千人的公司裡面，成為社長的可能性幾乎為零。因為在達到如此規模的公司中，僅憑實力是無法成為社長的。

譬如，即便是自己很有能力，但如果你的「主管」已奮鬥了十年的話，就萬事休矣了。若是此人適時隱退的話，你或許還有機會升職，但若是此人堅持奮鬥的話，就沒有希望了。究其原因，那是因為儘管你是菁英，但對於比自己資深的主管，是沒有人事權的，即便你有權對於部屬進行人事調動，但對於上位之人是無法調動的。

因此，僅因為比自己資深兩年的職員中，剛好有個優秀之人，你就有可能無法成為社長，這並不是實力上的問題。倘若這位優秀之人比自己資深十年的話，由於有著年數的間隔，你或許還有可能成為社長。但如果在比自己資深一、二歲的前輩中有著優秀之人的話，你便將無法成為社長。

就算是在此之前，有一個比自己能力更低的人當上了社長，但由於輪流制度的存在，你也無法成為社長。在有著數千人的大公司裡面，幾乎是不可能成為社長的。從客觀來看，運氣好的話就能當上社長。

不過，也有人當上社長之後，結果卻面臨著公司破產、備受辛勞的窘境。因此，有時還不如不要成為社長比較好。

但不管如何，從機率來分析，即可瞭解到大致的情況。因此，請各位務必要事先掌握好一般的狀況。若是做為自己本身的問題來考慮，或許會感到很困難，但如果從其他人的立場客觀地分析，或是從整體上來進行觀察的話，就會發現「那其實是很合理的」。

晉升的結果，卻導致陷入低潮

除此之外，還有人是身為部下時非常優秀，但是晉升以後，卻因為認識力不足，而變得碌碌無為。有很多人做為部下，執行命令時是非常優秀的，但是晉升為課長或部長之後，卻無法勝任工作了。這是因為晉升之後，有著不同的法則在運作，工作當中所要求的能力也變得不一樣。

譬如，有人直到成為課長之前，明明是以「最快的速度」獲得晉升，堪稱同期職員當中的第一名，但在當上課長以後卻完全不中用了。

在此人主管的眼中，此人是非常容易差遣的類型，只要不斷地將工作交給此人，命令其執行任務，此人就會以最快的速度完成工作。然而，當此人面對「需要自己下判斷」的工作時，就變得無法勝任了。換言之，所需能力的類型是不同的。

從此人的角度來看，對於「曾經那般迅速獲得晉升、成為課長的自己，為何成為課長後就無法勝任工作」的狀況，想必是感到非常不可理解吧！或許恨不得縱身跳進華嚴瀑布裡。在二百人的同期職員當中，曾以最快的速度當上了課長，原以為「可以直衝社長的最高職位」，卻沒想到自己成為課長後竟然做不好工作了。而且，周遭的評價也越來越低，最後連自己都不相信自己了。

不同的立場，要求不同的能力

換言之，這是因為「職位所要求的能力發生了變化」。至今的能力，並非是「運用他人來取得成果」，而是「自己來做，就能夠成功」。這種靠自己就能夠成功的人，等到獲得晉升以後，可能會無法用人。這類人總是會以「若是自己來做的話，早就辦到了」為由，而命令部下：「你也學我這樣工作！」然而，「自己以外的人」是做不到的。也就是說，在「透過運用那些僅有著自己的一半能力或三分之一能力的人，如何來遂行工作」的問題上，首先會發生衝突。但是對於這個問題，他們至今從不曾考慮過。

當然，正因為比其他的職員們更為優秀，所以自己才能更早地獲得晉升。因此，當自己成為主管之後，就必須要運用那些「僅有著自己的一半能力或三分之一能力」的人。

此外，是否將這些人解雇了就能解決？恐怕也不是這麼簡單。因為你是不可能集合和自己有著相同水準的能力之人，來做為部下的。如果所有的部下都和自己有著相同能力的話，自己也不可能首先獲得晉升。正因為自己比這些人有著更強的能力，所以才率先得到晉升。因此，最終也只能使用這些沒有自己能幹的人們。

即便是「僅有著自己的一半能力的人」，或是「僅有著自己的三分之一能力的人」，倘若對他們閒置不用的話，那就等於是「零」。如果不僅是閒置不用，反而朝著有害的方向使用的話，那就會變成「負」。因此，對於僅有著自己一半能力，或三分之一能力的人，也必須交給他們相應的工作。若非如此，那根本無法回收他們的工資。

然而，如果無法進行如此思想轉換，反而一味抱怨「部下怎麼不能像自己一樣能幹」的話，那將永遠無法運用那些「一半能力的人」、「三分之一能力的人」。並且，對方也會知道自己沒有獲得認可，所以相互之間很難相處。

最終，由於對部下感到失望，便排除了所有的部下，身為課長，自己一人攬了十個人的工作，心裡想著：「怎麼樣！我這麼努力工作，肯定能獲得讚賞！」然而，人終究只有一個身體，不可能像以前的「7－11」一樣，從早上七點工作到晚上十一點，一個人完成十個人，甚至是二十個人的事務性工作。其結果，只將導致自己身體不適，甚至是累倒、住進醫院。這就是所謂中間管理階層的悲劇，而且通常發生在課長和部長的年齡階段。

總之，各個職位所要求的能力是不同的。

人們常說「優秀的選手，未必能夠成為優秀的教練」。因為只能運用那些比自己平庸的人，所以對於有著顯著缺點的對方，該如何使這些人心情愉悅的工作，就變得非常重要了。

照道理來說，在自己成為管理職等之前，就必須時常留心，認真地觀察上司是如何用人的，學習帝王學。這段時期，通常需要二、三年的時間，如果在晉升之前，缺少這步功夫的話，就容易發生悲劇。

這確實是令人惋惜的事。然而，這也是個人能力的極限。由於各個職位所要求的能力是不同的，所以會出現極限。

公司當中有著部長、局長、董事，以及其他各種各樣的職位，而各個立場所要求的能力都是不同的。「晉升之前獲得認可的能力，在獲得晉升以後未必也能得到好評」，對此各位不可不知。

晉升之前無法發揮的能力

此外，做為相反的例子，即便是能力非常強的人，從剛進入公司的第一年，直至第三年、第五年一直擔任事務性工作的期間，也有可能無法把工作做好。儘管上面的主管熟知會出現如此情形，但當事人卻會為自己做不好工作而感到挫折。

譬如，如今即便是大學的畢業生，若非來自商學系的話，也有很多人沒有接觸過算盤或記帳的經驗吧！

因此，若是進入歷史悠久的傳統公司後，突然被要求「用算盤進行計算」的話，那肯定是難以做到的。對於連計算機都沒怎麼用過的人來說，一下子被要求要做自己從未真正學習過的工作，往往會痛苦個好幾年。

的確，在事務性工作的層面上，或許有很多人都比自己更能幹，然而，各位須知「曾在學校經歷過艱澀學習的人，其能力總是在稍微年長一點之後，才會獲得認可」。等到了自己可以運用他人的年齡，就能夠發揮出自己的判斷能力等，但是在自己遂行各種雜務的階段，這些能力大多是無法獲得正面評價的。因此，此時必須要有膽量或者忍耐力。

切忌目光短淺，要從長遠的眼光觀看「整體」

在上一節中，我講述了第一點是「要知道『陷入低潮之人，大多有著優秀的人格』」，而第二點即是「當感到非常痛苦和煩惱的時候，請思考『自己在整體當中有著怎樣的實力』」。

這不僅是侷限於公司，學校裡面也是同樣的情況。

不知為何，優秀之人總想要去讀優秀學生所聚集的學校。當優秀之人前往二、三百個優秀學生所聚集的學校時，就必會在其中刻意品嚐著自卑感，這真的是很不可思議的事情。難道是為了品味自卑感，而特意去到那裡嗎？本來是沒有絕對一定要讀那個學校，可是看到比自己更優秀的人去讀時，自己就變得也想要去讀，其結果就是被欺負和打垮。

現今，各個補習班大都以「五分」為單位，由上到下排列出各個學校的偏差值排名，但考生難免會想要姑且去報名試試。然而，如果帶著「說不定能僥倖考上」的心態，前去參加考試的話，那麼即便能通過了考試，等到入學之後也大多會被打垮，從而飽受痛苦。

從世俗來說，這和想要進入大公司的心情是一樣的。就像是在知名的公司工作時會受到稱讚一樣，如果考上了名校的話，也將能獲得眾人的誇讚。因此，大家都想要進到這種地方，但是進去之後能否幸福，則是另當別論。

就像這樣，有許多人從幼稚園、小學開始，就一直處於競爭當中，還持續到求職進入公司。彷彿是為了追求不幸，而搭乘特快列車。

並且，在極其嚴峻的競爭中被擊潰的人，大多患有精神上的身心疾病而感到十分苦惱，或是變得筋疲力盡。因此，即便是從一流大學畢業，等到實際進入公司後，也有很多人是苦於「拿不出想法、身體虛弱、沒有夢想」的狀態下，無法往前進。即便如此，還是有人盲目地相信「只要拿到車票就贏了」，並一直持續競爭，這實在是令人感到有些可悲。

這或許是因為目光短淺，只關心眼前的事，所以才容易變成這樣。請各位務必要有著更長遠的眼光，或許有時還可一反世俗的常識。

此外，「不要過分地勉強自己」也是很重要的。

最近的補習班也懂得了這一點，從之前的考生就學情況來看，即便是勉強擠進了志願學校，但入學之後有很多人反而跟不上腳步，因此，補習班開始建議考生「還是不要太勉強自己，選擇稍低一級的學校比較好！如此一來，入校以後會比較輕鬆」。的確，競爭社會當中有著好的一面，但很多時候也會過早將人打垮，所以在這方面必須得好好地權衡才行。

公司當中，也是同樣的道理。若是進入競爭非常激烈的公司，往往難以獲得晉升。但若前往稍低一級的公司，或許就能夠得到晉升。不過，若是進入過於低階的公司，有時也會有強烈的不幸感受，進而難以再待下去。

總之，要以「自己在整體當中是何種定位」的眼光，來看待自己。總是在狹隘的世界中考量的話，是非常不好的。

譬如，在考試方面也是如此。如果僅考慮排名的話，在全國大會考中，有五、六十萬的考生，最終勢必會產生從「第一名」直至「最後一名」的排名結果。但實際上，這個排名順序並不代表個人能力的高低。對此，每一位成年人都是知道的。若是每一週皆進行考試的話，如此成績將會大洗牌，因此，認為「這種排名適用於一生」的想法是很可笑的，對此，請各位務必要留意。

4 發現嶄新自己的機會

「無法順應時代變化的文化」將走向崩潰

現今有人指出「日本社會變得不對勁」，這是因為舊時代的那種「只要在入口的時候表現好，便可順利走到最後」的制度，正逐漸走向瓦解。換言之，雖然在高度成長的時代下，有著「只要在入口處購票，能夠走得進去，即可一直走到最後」的傳統路線，但如此文化現在已經失去了作用。

現今有許多人還抱持著「只要能進入公司，就永遠不會被後輩超越，直至退休為止都能夠順利晉升」的想法，如此無法順應時代變化的人實在是太多了。如果無法打破這種文化的話，就越來越難以因應現今時代的變化。

譬如過去的軍隊，日本的海軍每個人皆有著俗稱「吊床號碼」的東西，號碼的順序依據每個人士兵學校的畢業成績而定。也就是說，依據畢業時排名順序，日後就按照如此順序晉升。

然而，戰爭是較量實力的世界，而不是藉由如此成績排名來取勝。難道成績第一名的人，就一定能夠戰勝第二名的人嗎？未必是如此吧！在實際的戰場上，反倒是恰巧相反的情況比較多。知性水準不是很高的人，常常能透過動物般的直覺等在戰爭中取勝。而那些知識份子卻因為考慮太多，反而是無所作為。

此外，在陸軍和海軍的士兵學校當中，主要是讓學生們學習並牢牢記住有關過去戰爭的記錄，最終使其參加考試。因此，能夠牢記過去所發生的戰爭並妥善作答的人，就能取得好成績。但實際上，即便是教官自己，對於將來爆發的戰爭也無法寫出標準的答案。換言之，「對於將來爆發的戰爭，應該如何應對」的能力，是無法進行測量的。但對於過去所發生的戰爭，若是提出「該怎麼做才能取勝」的問題，考生們就可以寫出「這樣做即可取勝」的答案。

這是非常困難的課題。但現代社會所要求的能力，正是這般的應對將來形勢的部分。

德國的參謀主張「德川家康應該會戰敗」

就拿「關原之戰」來說，交戰雙方為德川家康統領下的東軍，以及石田三成率領的西軍，他們各自佈陣進行決戰。從軍力來看，雖說雙方人數差不多，但是西軍的人數稍佔優勢。在明治時代，當時來到日本的德國軍事顧問，看到佈陣圖後，每個人都說「這場戰爭是西軍勝出」。

據說當時儘管有人解釋「因為某人的叛變，所以西軍戰敗了」，但德國的軍事顧問還是堅持認為「就算是有人叛變了，這也是能夠取勝的戰爭。如此佈陣，西軍不勝出才奇怪！從作戰方式來看，絕對是如此結果。實在是想不通西軍會戰敗的理由。」

雖說「關原之戰」是四百年前的戰爭，但是距今一百年前左右，有著興盛時期的近代德國軍事思想的人，看到如此佈陣圖後，依然主張「這場戰爭是西軍勝出」。由此可以看出，若非是實際進行戰爭，實在是難以知道結果的。

那麼，東軍為何能夠取勝呢？從宗教的角度來說，那是因為「家康的靈力」。也就是說，雙方領導的靈力存在著差異。石田三成沒有足夠的靈力和運勢，或者說他沒有足夠的力量來掌握人心，從而吸引勝機。反之，德川家康就有著足夠的靈力和念力。總之「會贏的人就是會贏」，這亦是在戰場上鍛錬的強大力量。

從這個意義上來說，不管再怎麼進行科學分析，並得出了「如此的地形透過如此的佈陣，憑靠如此人數，就必能取勝」的結果，或是「必將戰敗」的結論，但經過實際戰爭後，結果未必是如此。

我想那即是在實際戰爭中預感勝敗的直覺。不管怎麼說，當豐臣秀吉還健在的時候，德川家康亦是曾經戰勝過豐臣秀吉的人。雖然是很小的戰役，但德川家康在「小牧長久手之戰」中戰勝了豐臣秀吉。如此的經歷，便成為德川家康「自信的源泉」、「超凡魅力的源泉」。總而言之，他是曾戰勝過秀吉的人。

於是做為一種法則，日後的人們從此處引導出如此見解，即「連豐臣秀吉都沒能勝出，就算他的部下集結部隊迎戰，也當然無法勝利」。任誰心裡都很明白「單憑豐臣秀吉的小姓（譯註：將軍身邊的隨從）出來應戰，肯定是無法勝出的。就連將軍還健在的時候，都未能打敗德川家康」。

因此，儘管從軍事知識的角度來看，德國的軍事顧問主張「西軍會勝出」，但最終西軍是戰敗的。這般力量要在實際的戰爭中才會發揮作用。

透過實力主義選拔人才，進而取勝的美國海軍

從這層意義上來說，依據士兵學校中的畢業成績排名，依序升格為司令官的方式，是無法在戰爭中取勝的。

在這一點上，美國則是基於徹底的實力主義來選拔人才。在美國海軍學校成績中等的士兵，最後也有可能成為元帥。總之，從實際的戰爭中觀察，被視為「強大」之人，就會被提拔。在如此的選拔制度上，美國有著優越的一面。

或許是受到美國制度的影響，戰後的日本也有所改變。但是，戰爭當時那種「只要在入口之時表現好，即可順利直達最後」的文化仍一直延續，如今正走向破滅。

「迄今為止的做法」變得不再適用時的應對方法

總之，各位必須要抱持著順應時代變化的力量。

現在正陷入低潮的人，也應該知道「雖然你認為自己很優秀，但說不定你只是在誰都能預想到既定的路線上，或者是馬拉松的路線上非常優秀的運動員。但若是跑在沒有事前決定好的路線上時，你或許就無法發揮力量了」。

在沒有道路的地方前行，將會產生新的附加價值，但實際上，秀才是無法做到這一點的。秀才只是很擅長分析、思考，並牢記過去的模式，所以對於未來的問題，僅憑秀才是難以給出答案的。因為秀才往往想法太過僵硬，而且過分拘泥於迄今為止的路線。

因此，必須要有打破這種模式的力量。該遵守的時候就要遵守，但是該打破的時候亦必須打破。即便是來自上司的命令，若無法妥善地將其打破，就無法獲得發展。對於亂世而言，這種力量是非常必要的。

如果陷入低潮的原因，是因為能力或工作的做法，在迄今為止的延長線上行不通，進而碰壁的話，那就必須要改變思考方法。原以為「迄今獲得了成功，所以可以一直延用這樣的做法」，結果原本的做法卻不再適用了，於是就陷入了低潮，此時，各位就應該考慮到「或許是必須改變做法的時候到來了，現在正是被賜予了如此時間」。

要打破自己的牆壁，只能靠自己。必須要抱持勇氣，自己脫掉身上的殼。

就拿幸福科學來說，一方面能做秀才型的活動，但有時也能夠像「野蠻人」一樣，有著野蠻的一面，這就是幸福科學的強項。因為外界不知道我們會施展哪一方面，所以無法預測動向。

不過，我們有時是刻意這麼做的。因為不這樣做的話，就很容易碰壁。

如果總是採取相同的路線，認為「這樣就好了」的話，大家就很容易形成相同的思維模式。但是，如果總是採取單一模式，一旦狀況發生變化時，就很容易會碰壁，因此有時必須要打破常規。若非有時刻意地表現出「野蠻」的一面，或做出「出人意表」的事，或採取「誰都會反對的行動」的話，想法就無法有所改變，最終就會行不通。

因此，因遇到瓶頸而感到沮喪的人，此時須將如此現狀視為「變身的機會到來了」，如此思考是很重要的。

只有經過「化蛹時期」，方才能化成蝶

低潮時期應有的心態，第一點是「須自覺到『自己有著優秀的人格』」。

第二點是「須思索自己在整體當中所處的位置」，即從統計學的角度進行思考。若是考生的話，不應僅從「特殊的群體當中」，或是「學

校當中」考量，而應該從數萬人的考生當中，思考自己所處的位置。公司亦是如此。整個公司有著數千人、數萬人的職員，怎樣的水準是屬於普通？對此，必須從整體上進行觀察和思考。

而第三點，我首先講述了陷入低潮的理由之一是「在迄今為止的延長線上無法獲得成功，依循相同的做法是不可能持續成功的，但自己卻意識不到這一點，所以才會碰壁，或掉入陷阱掙扎不已」。

此外，用日語來說是「變身」，用英文來說則是「Innovation（變革）」，我還講述了「必須要認為『這是發現嶄新自己的機會』」。

換言之，雖然自己認為是「狀態不佳」，但事實上卻未必是如此。究其原因，有時是因為「迄今為止的做法、迄今為止的自己，現在不再適用了」。

此時，或許有人會認為「自己全力以赴，卻仍以失敗告終，這無疑是達到了能力的極限」。但實際上，還有一種看法是「或許到了必須改變的時候。只要進行改變，自己又可以開拓嶄新的道路」。

譬如，當毛毛蟲還在樹枝或地面自由爬行的時候，或許連自己也認為「這就是最棒的自己」。藉由能夠一邊吃著樹葉、一邊快速地爬上樹枝，它可能會認為「我是毛毛蟲的菁英」，並感到很滿足吧！

然而，當有一天其身體膨脹起來不能動彈時，它亦曾感到迷惑「自己怎麼化成了蛹呢？會不會就這樣死去啊！」然而，等到下一個階段，它就會迎來破蛹而出、化蝶飛舞的時期。

毛毛蟲的低潮時期，或許就是化蛹的時期。菁英的毛毛蟲變得無法動彈，想必是非常痛苦。隨著身體的膨脹和衰弱，它勢必懷疑過「我到底是怎麼了？自己究竟會變成什麼樣子？會不會就這樣變成木乃伊而死去啊？」然而，不久之後，它就長出了翅膀，變成一個完全出乎意料的自己。

於是，它將會感到「啊！我能夠在空中飛舞！原以為可以在樹枝上快速爬行即是菁英，卻不曾想過自己還能如此瀟灑地『在空中飛舞』，看來自己還是很有前途的」。然而，對於這些事情，不到那個時候是無法瞭解的。身為毛毛蟲的時候，對此還是毫無所知的。

就像這樣，即便有著化蛹的階段，但不久之後即會「羽化登仙」，變得能在空中飛舞，想必此刻是非常開心的吧！

在人類的眼中，蝴蝶既沒有高水準的智慧，也不會思考高度的事情。不過，那種能在空中飛舞的好心情，或許是勝過人類。人類必須要借助飛機才能飛上天空，但從蝴蝶的眼中看來，直升機等等是非常可笑、笨拙且難看的交通工具吧！或許它們還會覺得「那飛機的聲音也太吵了，不會難為情嗎？人類就不能靠自己安靜地飛翔嗎？為何總是要用那麼難看的東西，才能飛到天空？」

的確，蝴蝶不需燃料就能飛舞。若是乘風飛翔的話，甚至能夠從台灣飛到日本。這種程度的旅程，對於它們來說是一件很輕鬆的事，根本不需要像飛機一樣補充燃料等，或許它們正在品味著那般幸福感。

「低潮的時期」亦是變身為「嶄新自己」的機會

人生也有著這般的「毛毛蟲、化蛹、成蝶的時期」。因此，當你擔心「自己可能就要這樣死去」的時候，那或許正是「化蛹的時期」。也就是說，你現在或許正進入了「化蛹的時期」，為了塑造下一個嶄新的自己而進行準備。

不過，正如毛毛蟲在「化蛹的時期」無法動彈一樣，各位在「低潮的時期」也是什麼事情都進展不順利。既拿不出新的想法，也無法採取行動，有時還會陷入近乎「抑鬱」的狀態，將自己封閉起來。然而，這或許只是一段時間的「化蛹時期」。等到這段時期過去後，說不定就能羽化成蝶。

各位恐怕至今從未曾想像過化成蝴蝶的自己，但現在請務必試著想像，並且，希望各位能將此視為「變身為嶄新自己的機會」。

為了獲得進一步的發展、成功，誰都必須要經歷「化蛹的時期」。

若非經過「死亡」，就無法繼續活下去。

現今，人們的平均壽命已接近於八、九十歲，所以在一生之中，必會經歷過幾次這樣的經驗，即「過去的自我形象全然崩潰之後，處於不知自己將會變成怎樣的混沌狀態，但此後便誕生出嶄新的自己」的經驗。一成不變的自己，是行不通的。一生之中必須要面對二、三次這樣的「變身時期」，否則今後就難以度過。

當自己感到「迄今為止的自己，發展很順利」時，即相當於毛毛蟲為自己強健腿力感到自豪，但是接下來，還必將迎來展翅高飛的時候。

就像這樣，如果將低潮的時期視為「化蛹時期」，就能夠「積蓄力量，並等待時機」。在這段期間，也並非是無所事事，而應該持續積蓄力量，慢慢地依循著靈感進行準備，這是非常重要的。

總而言之，當各位感到「低潮」的時候，實際大多是朝向另一個自己轉變的時期，我本身也有過許多這樣的經驗。

此外，這段時期有著無可奈何的一面。直至時機改變，出現新的局面之前，無論再怎麼掙扎，也是無濟於事的。在這段期間，人們常會感到焦躁和痛苦，但是只能等待時機。

隨著時間的流逝，形勢確實會發生變化。人際關係、各種的事物都會發生變化，並突然出現嶄新的局面。這實在是很不可思議，但這也是無可奈何的。

因此，在低潮的時期，將此視為「化蛹的時期」，等待下一次變身的機會，也是一種非常重要的克服方法，請務必成為那般的自己。

5 應付低潮時期的其他方法

對策①將焦點放在「現在」的煩惱

在低潮的時期，很多事情也只能忍耐。不過，當我回顧過去，思考我自己是如何應付低潮時期時，我發現還有其他幾種思考方式。

・**「拘泥於過去的失敗」和「提前擔心」是無濟於事的**

首先，在低潮時期，有人總是會拘泥於過去的失敗，對於以前曾經歷的煩惱、過去無法改變的問題始終抓住不放。

此外，還有人會提前擔心，對於將來尚未發生的不安因素，感到悶悶不安。

就像這樣，現今之所以感到無法動彈、痛苦不已，很多時候是因為自己「拘泥於過去的失敗」或者是「提前擔心」，進而讓「過去」和「未來」像強力膠一般，黏在一起無法分開。

也就是說，人們是為了「無可奈何的事情」而煩惱，並且絕大部分是對於「無可奈何的過去」和「無可奈何的未來」這兩者感到煩惱。

但實際上，自己是處於「過去」和「未來」之間，生活在「現在」。因此，這也和上一節當中講述的「化蛹時期」有所關聯，各位可以從過去、現在和未來的時間序列來看，分成不同的時段進行思考。

・總是以「一個人」為目標——宮本武藏的各個擊破術

在低潮的時期，由於狀態不是很好，所以無疑是屬於防守期。即便是與「煩惱」交戰，此時也不可能透過從多方面展開戰爭來取勝。在這般狀態不佳的時期，倘若同時和眾多的敵人交戰，那肯定是無法勝出的。

譬如，宮本武藏也曾有過和很多人對戰的經歷，但他總是努力和「一個人」交戰。

武藏一生經歷過六十多次對戰，並且是全部勝利。他能夠取勝的理由之一，即是他腳程很快。

在集團當中對戰時，難免會遭到圍攻而陷入困境。此時，就只能選擇逃離集團。當然，敵人勢必會緊追而來，但每一個人的腳力是有所差異的，所以終將會分散開來。如此一來，只要從跑得快的人開始一一解決即可。也就是說，藉由跑離現場的方式，從而將敵軍的勢力分散，專注地一一對付每個人。

除此之外，武藏也曾使用過其他的作戰方式。譬如，背對牆壁，盡可能地不被敵人從全方位進攻。他有時也會採用奇襲的招數。

就像這樣，由於武藏跑得很快且有耐久力、技能又高超，所以只要各個擊破就足以應付。不過，倘若遭到四個敵人從四面圍攻而來的話，即便是他施展「二刀流」的刀法，也無可奈何。因此，為了避免遭到圍攻而陷入窘境的事態，他總是設法分散對方的勢力，取得有利的位置一一將對方擊退。

譬如，因為自己有著強健的體力和腳力，便先爬上坡路，乘著追趕而來的敵人還喘不過氣的時候，迅速砍殺對方。此時，如果自己沒有喘大氣的話，就必定能夠勝出。就像這樣，他將敵人置於不利的條件下，然後將其逐一消滅。

當然，我們是宗教團體，並非鼓勵各位去殺人。如此「各個擊破」的案例，只是一種思考方式的比喻，而並非是主張去殺人，對此請勿有所誤解。

總之，現在和「過去」或「未來」的問題進行交戰，是於事無補的。

或許是過去的五個、十個的問題，影響了自己進而感到痛苦，又或許是因為未來的五個、十個的問題使自己困惑。

對策②列舉出「現在的煩惱」，並進行整理

然而，對於全部的「敵人」，即便是透過「二刀流」進行交戰，也是無法勝出的。首先必須要分散「敵人」的兵力，然後進行各個擊破，否則就無法取勝。只有盡可能地將戰爭限縮在狹小的局面下，集中對付每個敵人，才有可能勝出。

因此，對於「過去」和「未來」的問題，就用「大剪刀」來剪斷吧！對於那些問題，就算是想破頭也是沒有益處的。對於自己過去所犯

下的失敗、過錯等等，再怎麼煩惱也是無濟於事的，所以最好是暫且擱置。

此外，對於未來的問題，明年、後年，以及往後的歲月會一直持續下去，若是擔憂起來的話，「敵人」的數量也未免太多了。因此，這也應該暫且放下。

首先，要建立稱為「現在」的「圍牆」，並將問題鎖定在這個圍牆當中。在這範圍內，自己勢必有著好幾個應該正視的問題，所以就必須試著計算出「名為煩惱的敵人」究竟有幾個？當然，那煩惱通常不止有一個，而是會有五個或十個。對於這些問題，運用「優先順序的法則」，將問題排列出順序，並依序加以解決。並且，「區分問題的大小」，換言之即是區分出「樹幹和樹枝」也是很重要的。

另外，還可以使用「細分化原理」。那就是好比「鏟雪的比喻」，雖然無法將屋頂上的積雪一次全部清除，但是借助鏟子，將積雪一鏟一鏟地細分，就能夠清除。

各位可以運用這些法則或原理，來分散眼前的「敵人」，然後各個擊破。總之，必須去計算自己眼前究竟有幾個「名為煩惱的敵人」，並像宮本武藏一樣，思索要如何分散敵人，然後各個擊破。

對策③依序解決煩惱

・從「根本的問題」解決的方法

此時，還有一個觀點是「該從何處著手，如何處理問題呢？」

譬如，有一種方法是先消滅最強大的敵人。只要直接殺掉敵軍將軍的話，對方就會失去戰意、士氣消沉。即便是有著六十個敵人，當看到將軍被殺掉時，敵軍也會變得混亂。如此一來，就可以一邊將分散的敵人逐個消滅，一邊繼續逃走。這也是一種思考方式。

這亦是「優先順序的法則」中，「率先處理最根本的問題」的方法。

・從「看似簡單的問題」解決的方法

此外，還有一種方法是「在所有的問題當中，率先從最容易解決的問題開始處理」。

就靈界而言，這是惡魔經常使用的手段，但先不論其善惡，這是人生法則中的共通之處。惡魔在進行攻擊時，常常是從薄弱的地方開始進攻，他們是用如此方法來解決問題的。

譬如，現在出現了五個問題，讓自己的思緒變得混亂。此時，就要看透在這五個問題中，到底哪一個是最容易解決的問題，並挑選出「比較好下手」的問題，首先將它解決掉。這樣一來，問題便減少為四個。之後，再瞄準並解決下一個「好下手」的問題，藉此，問題就只剩下三個。

就像這樣，隨著問題數量的減少，最重要的問題也就會變得像是濃霧散開一般，變得比較清晰。當然，有時這個問題是很嚴峻的，但是之前是因為還摻雜著其他的問題，所以就顯得更加困難、複雜，所以可以將那些摻雜的問題先清除掉。

將如此方法稱為「惡魔的法則」，不知是否有欠妥當，但在肉食動物的世界中，這種方法也同樣是適用的。譬如，當獅子或老虎進攻羚羊等獵物的時候，通常是專挑那些年幼，或是因為患病、受傷等變得軟弱，腳程變得緩慢無法順利逃走的動物。

若是將此視為一種作戰法則的話，那就是一種「從容易消滅的敵人著手」，亦即「在自己所抱持的煩惱當中，首先從簡單的問題開始消除，逐漸減少煩惱的數量」的方法。

・對於大問題使用「細分化原理」

在此之上，再來處理「最大」的問題。譬如，公司的經營問題，那是相當龐大且非常複雜的問題。因此，對於整體經營上的問題等，也必須使用「細分化原理」。像是思索「禪的公案」一樣，呻吟苦思是完全無濟於事的。

在這種情況下，必須要將問題進行細分化處理，看透「真正的問題到底是什麼」。究竟是人材方面的問題，還是貸款方面的問題？抑或是未能開發新商品的痛苦？還是因為營業額提高了，卻未能回收資金？也就是「僅是提高了營業額，卻並沒有現金入帳」這般的「回收能力弱」的原因？再或是出現其他的競爭者，將顧客搶走了？

就像這樣，就拿經營問題來說，也可以進行細分化處理。就算是最大的問題，若是進行細分化處理後，也可以分成許多小問題。

此外，如果自己是有著力量的話，只要抓緊解決其中最重要的問題即可。倘若沒有足夠的力量，則可以從最容易解決的地方著手，逐一處理問題。

度過「莫名低潮時期」的方法

在此再次進行確認。

對於自己的煩惱，首先要切斷過去和未來的煩惱，將它們清除之後，看清眼前現在的問題。

之後，在自己面對的問題當中，列舉出可以解決的問題。此時，或許會列舉出五個或十個問題。

如果憑藉自己現在的力量就可以解決的話，那只要直接進攻這些問題當中的「頭目」即可。之後，再逐一解決其他問題。

不過，倘若沒有足夠的力量解決那「頭目」，也有著「從容易解決的問題著手處理，逐漸減少問題數量」的方法。之後，當只剩下最大的問題時，再進一步將其分解成細小的問題，並從重要的問題，或是周邊的問題著手處理即可。

當然，如果有著挖掘機一般的力量，那自然是最好不過了。但是力量不夠時，也只能使用鏟子。當實在難以取勝的時候，也只能如此應戰，除此之外別無他法。也就是採取「專心對付眼前的敵人，逐漸減少敵人的數量」的作戰方式。

當這樣進行分類後，在低潮時期當中的「莫名感到狀態不好」的情況，在某種程度上，也必定會得到好轉。

實際案例——克服棒球低潮的方法

・區分出「打不好的原因」，看清得以進攻之處

關於前面所講到的「第四棒球員或打擊率三成的球員表現變得不好」的問題，也可以對於「無法擊中球的原因」進行分類，思考「自己眼前能夠做些什麼」。首先，從力所能及的地方開始進攻即可。

譬如，到底是打擊姿勢出現了狀況？還是飲食有問題？或者是情緒上的問題，好比家人生病了，或者是有著其他煩惱？抑或是因為出現了

新的競爭者？還是對方的投手抓到了自己的弱點？

的確，當敵方中的某一個人發現了自己的弱點是「不擅長打內角偏高的球」，並且知道「投到內角偏高的話就能壓制住」的話，終究其他球隊也會這麼做。其結果就是每個投手都往那邊投，導致自己表現變差。

就像這樣，無法把球打好有著各種各樣的原因。因此，必須要仔細地分析這些原因，看透從何處進攻，自己方能「取勝」。

此外，全壘打王失利時的「逃避方法」，則是在狀態不佳時，暫且不要揮大棒想打出全壘打，只求能擊出安打，先上到壘包。在這個過程，有時就能漸漸地恢復原本的狀態。

此外，還有人前往禪寺進行閉關，或是用日本刀練習空揮等等，有著各種各樣的解決方法。因此，各位應該探尋自己個別的解決對策。

不過，基本上，如果不採取「切斷過去和未來的煩惱，鎖定眼前的煩惱，再集中力量解決『對手』」的方式，是無法輕易解決問題的。

・從過去的「平均打擊率」，知道自己的人生實力並相信自己

若是以棒球的打擊手為參考，還有另一個觀點，那就是可以參考「平均打擊率的法則」。換言之，各位必須要客觀地瞭解自己的能力，知道「從自己過去的實際成績來看，能夠表現到何種程度」。

譬如，當王貞治先生還是現役的全壘打球員時，也時常出現一個月都無法擊出全壘打的情況。很不可思議的是，越是那樣的人，就越容易

有著低潮的時候。他們並非是每月都能穩定地擊出全壘打，當狀態好的時候，可以連續打出全壘打，但狀況不好時，有時一個月都沒有什麼好成績。就像這樣，球員會出現無法擊中球的淒慘時期，但從整個賽季來看，總會留下了一定的成績。

換言之，一年一百數十次的比賽之後，有人是擊中了三十支全壘打，亦有人是四十支。但那些是在何時打出的就不清楚了。雖然不知道是在春季、夏季或是秋季打出的成績，但即便有著無法擊中的時期，但是從一整年的成績來看，平均打擊率三成的球員總能擊中三成，能打出四十支全壘打的人，也必定會在某個時期集中擊出全壘打，以增加全壘打的支數。

當然，儘管球員總想要打好球，但也有著「一整個六月未能擊中球」、「一整個八月未能擊中球」的情況。即便如此，從一整年來看，透過「平均打擊率的法則」，也會留下一定的實際成績。

在低潮的時期，人們很容易出現貶低自己的想法，認為自己是不行的。因此，必須要抱持著這樣的基準，看待自己的客觀實力，即「雖然現在自己狀態不好，但達到這種程度還算過得去，獲得這樣的評價也是理所當然的」。

和這個基準相比，如果現在的評價過低，或是表現太差的話，為了彌補這個成績，將來就一定會有狀態好轉、成績上揚的時候。這個時期必定會到來的，所以各位必須要抱持如此自信。

當然，多數人都不是棒球的打擊手，不過譬如在發明等領域當中，也會有相同的情況。即便是有著完全沒有新發明的時期，但是經過一段時間後，又會開始想出新的點子。總之，各位應該看到自己的「平均打擊率」，「從過去的工作來看，一定能達到如此程度」對於自己的實力抱持著自信。

這樣一來，就算有時候的工作表現不好，或者是成果太少，但之後狀態也會好轉起來。即便是未能在一年內得以解決，但是從三年的平均成績來看，也應該會完成與自己實力大致相符的工作。

就算是不順利的時期持續了半年，但從那以後也會突然形勢好轉，所以將一年或三年當中的成績平均下來，便會出現大致的實力。如果成績超過了這個平均值，那就表示自己的平均實力有所提高。

如上所述，即便在狀態不好的時候，也不要自暴自棄，而應該知悉自己的平均實力，並相信這樣的自己，這是非常重要的。雖然無法始終維持「最佳的狀態」，但必須要抱持著「自己的平均實力，就是這樣的水準」的思考方式。

6 克服「最壞的情形」

首先要有著接受「最壞的情形」的覺悟

在我年輕的時候，從戴爾卡內基（Dale Carnegie）的著作中學到了很多道理。其中有著這樣一句話：「有著接受『最壞的情況』的覺悟是很重要的。」這也是一種智慧。

書中有一節講道：「從自己現在懷抱的問題來看，對於自己而言『最壞的情形』是什麼？並抱持著接受它的覺悟。如果做好了這樣的打算，內心就不會那麼動搖。之後要保持冷靜，思考是否有讓那種狀況稍微好轉的方法。」這是一種很好的思考方式，對我非常有用。

首先，要思考在這個時點，會出現的最壞的情形是什麼？關於自己面對的問題，從過去、現在和未來的角度來看，會發生什麼最壞的情況？

接下來，必須要接受這個情況，並試想「即便是最壞的狀況，也要堅持下去！」

譬如，若是公司破產之後，會發生什麼樣的情況？絕不可能全體員工都會立刻死去，一定有著換工作的選項。

此外，假設自己在工作上出現重大失敗，因而擔心自己「有可能被解雇」。此時，最糟的狀況就是被裁員。

然而，若是接受了這個狀況的話，就會發現或許還有著其他的選擇，雖然尚未確定具體的公司，但從自己的技能來看，還有其他能夠工作的地方吧！

再譬如，有時是自己的家人會生病或死亡。

然而，就算是父親或母親罹患癌症，這在現代社會當中，三個家庭當中就會有一個家庭會發生，從某種意義上來說，是見怪不怪的事了。

那或許是預料之外的事，但是人總會罹患某些疾病，況且在死亡的原因中，癌症佔了很大的比例。儘管如此，那也是很大的打擊。

當然，有時是妻子罹患癌症，也有時是自己本身罹患癌症。此外，在癌症患者中，既有人痊癒，也有人沒有痊癒。

在這種情況下，最終也只能接受。有時是自己身邊的人過世，也有時是自己本身死去。

在各位讀者當中，想必沒有一個人能夠活到一百年以後。那時，絕大多數人都已經不在了。誰也免不了一死，只是時間早晚的問題。

從這個意義上看，只要接受罹患癌症的事實，並設想最壞的情況，做好「以此為契機，認真學習靈界的知識，並調和心境」的覺悟，就沒什麼可怕了。有人或許還擔心以後的事情，但是帶著「總能熬過去」的心情接受現實，並冷靜思考的話，就一定能夠找到應對的方法。

被宣告罹患癌症，卻活得長壽的案例

在美國等國家，對於癌症末期的患者，會宣告罹患癌症。根據調查，即便都是被宣告，然而每個患者的壽命（餘生）也是因人而異。

譬如，被宣告罹患癌症之後，有人便認為「我得癌症啊！看來時間不多啊！這可不行！」進而瘋狂地努力工作，這樣的人通常會在短時間內死亡。

此外，被宣告癌症之後，便悲嘆「自己沒救了」的人，據說也是會很快死去。

然而，也有人在被宣告罹癌之後，「我是癌症啊！真是沒辦法，人生有時也得想得開才行，只能接受這事實。接下來的人生，就讓我愜意地度過吧！」這樣想的人，反而不那麼容易死去。

換言之，在某種意義上，想得開並接受命運，和命運協調度過生活的人，以及抱持著「罹患癌症也是一種人生。據說三分之一的人都會罹癌，所以我要儘量安穩地度過餘生」這種想法的人，反而會出乎醫生的預測，能夠活得長壽。然而，瘋狂努力的人卻會比預期還要更早死亡，太過於悲嘆的人似乎也會很快死去。

據說癌症患者大概就是這三種類型，只有極少數的例外。成為例外的人，都是抱持著非常強烈的確信，並努力持續進行自我催眠──「自己絕不會罹患癌症！」、「自己絕非是癌症！自己是很健康的！」據說這樣的人，有時也會出乎意料地活得長壽。

這就好比是「宗教的世界」，在幸福科學當中，也確實發生著這樣的事，這般持續進行自我催眠的過程中，亦有人活得長壽。「異次元力量」的發揮，進而讓癌症痊癒例子，應該也算是一種例外吧！（注：伴隨著信仰心的提升，幸福科學的癌末患者或重病患者奇蹟般的痊癒案例

年年增加。參照《不滅之法》（日本幸福科學出版）、《超級絕對健康法》（台灣幸福科學出版））

一般來說，過於努力的人和過於失望的人，都會很早死去；而能夠接受現狀，和癌症協調著度過生活的人，據說有時就會活得長壽。

藉由宗教，能夠克服「對死亡的恐懼」

總之，雖然有可能發生最壞的情形，但若能對此接受的話，就還有生存的可能。

當思考最壞的情形，可能就會出現「失去財產」、「失去公司或工作」等情形吧！但是最悲傷的事情，最終莫過於是自己的死亡。

然而，幸福科學講述著關於死後的世界，教義亦是以死亡為前提而建構，因此，只要想著「自己是為了日後的死，才進入宗教的」，死亡就不是什麼大不了的事，那早就是已解決的問題。

剩下的就是透過剩餘的時間，為了來世能夠前往更好的世界，而提高自己的心境。誰也不知道剩餘的時間有多少，或許有幾年或者是幾個月，但在此期間，要提高自己的心境。在這個方向上再稍微努力，或者不怎麼努力也沒關係，總之要接受死亡，並朝著不要給周遭人們添麻煩，亦不要過分地苛待自己的方向上生活，這是很重要的。

為了脫離低潮，就要覺悟到「最後實在沒辦法的話，就接受最壞的情形吧！」

如果是公司，或許會遭遇破產；如果是工作，或許會被解雇；如果是疾病，或許是親人的過世，或是自己的死亡；如果是考試，或許會落榜。就像這樣，雖然有著最壞的情形，但只要建立好接受這些情形來臨的心理準備，之後就沒什麼可怕了。

「接受最壞的情形，之後再摸索是否有能讓事態稍微好轉的方法」，光憑如此想法，即可解決大部分的問題。

本章對於「脫離低潮」講述了各種各樣的內容，但願能成為各位的參考。

第2章

戰勝試煉

——如何度過不後悔的人生？

1 「戰勝試煉」是非常重要的想法

感到迷惑時，總是要選擇走上困難的道路

本章以「戰勝試煉」為題進行論述。

「戰勝試煉」是一般性的課題，也是宗教當中普遍性的論題。此外，超越宗教的範疇，於人生中各個關卡、各種社會生活當中得以存活的角度來看，這也是非常重要的思想。

關於這個主題，在本章我盡可能簡潔地，將現階段我所思索的事編

寫進來。

首先，試著回顧我過去的經歷，我確實地感覺到，我自己本來就屬於喜歡「戰勝試煉」的類型。

我有一本著作（參照《知性青春的箴言》（日本幸福科學出版））談到了我在中學時期的經歷，我非常喜歡「竭盡全力從窄門而入」這句話，並且很喜歡「感到迷惑時，選擇困難的道路」如此人生態度。

這句話出自於《聖經》中的一節，《聖經》講道：「引到滅亡之門是寬的，從這路進去的人很多；引到永生之門是窄的，從此路進去的人也少。」

「引到永生之門非常狹窄，由此通過是非常艱辛！」這給我留下了非常深刻的印象。

這句話總是讓我感到印象深刻，之所以如此，或許那表示我就是那類型的人吧！

在人生當中，總會遭遇困難、苦難等各種試煉，但我並不是抱持著「只要巧妙地避開這些試煉往前走就好」這般的人生觀。而且，我也不是抱持著「無事主義」、「平穩無事」、「相安無事地度過了安穩的人生」，便會感到滿足。

我總是將「提升自己的靈魂」、「提升自己的精神性」，視為人生的一個重大課題。

回顧過去的人生，我想我每每感到迷惑時，總是選擇走上困難的道路。

在人生晚期，不想為「自己的夢想太小」而感到後悔

走在這困難道路的過程中，當然會伴隨著能力、經驗和努力的不足，遇到各種各樣的障礙，因而無法實現目標。

不過，我總是這般考慮的。

雖然有很多人樹立了遠大的目標，並為此進行挑戰，但最後卻因為未能達到目標，或未能獲得成功而感到懊悔。然而，比起為這種失敗感到懊悔，在回顧自己的人生時，才發現「自己的夢想太小」而感到後悔還來得更嚴重吧！

在人生的門扉即將關上之際，我絕對不要讓自己後悔於「自己雖然活了幾十年，但自己過去的夢想太小了！」

獲得巨大成功的人，通常都會為自己的夢想太小，而感到後悔。

譬如，有些人會立下「一生中要存一億日元」的目標，在經歷了各種職業後，最後也會有很多人達到這個目標，然而達到目標之後，卻也有人突然感到失去了生存的意義。這是因為「要存一億日元」的目標本身，並沒有附帶任何正面的價值。

如果是「為了遂行某事而存一億日元」的話，那還可行，但若非如此，僅僅是以「存一億日元」為目標，當目標達成之後，自然就會感到無事可做。

要得到一億日元，有可能透過中彩票得到，也有可能透過在公司當中出人頭地，累積收入而得。此外，也可以透過股票賺來的，或是創立新的事業而賺到的。

然而，若僅是考慮「要存一億日元」的這個目標的話，或許此人在臨終前感到的懊悔，恐怕不是因為自己曾失敗過很多次，而是因為自己的夢想太小！

即便是在各個時間點，自己曾感到「怎麼可能實現」的遠大夢想，隨著時間的推移，當自己獲得經驗、積累了實際成績之後，那大多也不再是遠大的夢想或目標了。

不過，在那之前，很多事情都看似是「自己難以完成的困難之事」。

因此，各位必須要戰勝的，實際上是自己那脆弱的精神力、卑怯之心、「不想失敗」的恐懼之心，以及「為小成功感到自滿」的傲慢之心。

此外，藉由逃避挑戰，只想著「不讓自己有失敗紀錄」，從而持續生活在小夢想當中，對此，才應該感到遺憾。

命運必定會準備「下一道門」

我在前面提到了「竭盡全力從窄門而入」，對於年輕人，特別是十幾歲的人來說，考試是一道關卡，通常會把通過考試視為一個重大的目標。國中入學考試、高中入學考試、大學入學考試等等，在他們眼中就是非常重大的關卡。

然而，對於已經通過那道關卡的人來說，他們就會明白，那只是為了開拓就職之路的一個階梯而已。

即便通過了那關卡，也未必就一定能獲得成功；反之，沒有通過那關卡的人，也未必就註定會失敗。在人生當中，會反覆地出現一道又一道的門。

但是，對於仍然處於考試階段的人，好比說十幾歲的學生，就會認為通過考試是一個非常大的目標。

然而，隨著時間的推移，如此看法就會有所改變。

此外，在人物傳記中所讀到的成功人士，比如明治時期、大正時期、昭和前期的人物，他們的年輕時期就未必是一帆風順。在那立身處世主義非常明顯的時代，他們在十幾歲的時候，也未必都是直接走上了通往成功之道。事實上，那樣的人反倒是少數。

「一次也沒失敗過，始終保持著最佳的成功」，這樣的人幾乎是不存在的。敢這樣說自己的人，或許大多是在某個時間點上，人生便停止成長的人。

在遭遇試煉的過程中，或許會感受到內心絞痛。但我認為重要的是，不要和這個負面思想、看低自己的思想、使自己遭受痛苦的貧乏性思考方式長期為伍。

為了突破各種的考驗，必須要積極進取努力才行，但即便那無法以成功告捷，命運也必定會為你準備「下一道門」，這次竭盡全力所做出的努力，絕非是完全白費力氣的。

如此思考方式，我認為必須要反覆地講述。

考試有所謂的及格分數，如果達不到一定的分數，就無法及格。然而，這種「若能及格獲得合格證書，就算是成功，反之就是不成功」的想法，完全是錯誤的。有時候差一分、二分而不及格，但那並非都是白費工夫。

就算這條道路走不通，為此做出的一定的努力也並非是毫無意義的。反省自己沒有辦法成功的原因，這將成為下一次通往成功的階梯。

那些有過許多次成功經驗，或者是有過巨大成功經驗的人們，都知道如此道理。「對於眼前出現的困難、苦難、挫折，或是因為自卑感而感到痛苦的同時，自己如蠶一般吐出蠶絲織紡出來的東西，會逐漸變成其他事物」幾乎無人不曾經歷過的經驗。

「痛苦的種子，其實將轉變成下一次幸福的種子」這並不是在說玩笑話，而是真真切切的事實。

從某種意義上來說，「未能達成目標」的現實，大多會成為往後努力的原動力。

那般輕易達成某種目標後，就為此感到自滿而不求上進的人生態度，或者是一味沉浸在過去榮光的人生態度，是非常寂寥的。

不管到了幾歲，都可以迎接「新的挑戰」

現在我已經有點年紀，所以有時也會想要找藉口，或是說出「我以前成功了」、「年輕時成功了」等話語，雖然無法完全阻止這種想法的出現，但對此也必須要適時地踩煞車。

不論反覆說多少次「自己曾於過去成功」，那也是沒有意義的。此時，必須要問問自己「現在是否能成功？」、「今後是否能成功？」

出乎意料地，不論年齡或經驗，透過努力和挑戰，有時就能開拓前方之路，對此我曾有過眾多經驗。

不管到了什麼年紀，都可以迎接「新的挑戰」，就像十幾歲的時候一樣，接連地向未知之事挑戰並跨越，這是非常重要的。

當然，在成功機率本來就非常低的事情上努力，確實不是一件有利之事。

像我這樣到了五十多歲的年紀，即便有著「想要拿到奧運金牌」的想法，也不曉得有哪個比賽項目是有可能性的。

若是有限定五十歲以上之人參加的奧運項目，好比是槌球之類的項目，或許還有優勝的可能性，但如果是一般奧運的話，通常若非是二十多歲的運動員，將很難獲得金牌，所以對於五十多歲的人來說，那是一件相當困難的事。

然而，若是那些在某種程度上，透過頭腦和經驗就能夠實現的事情當中，選出自己有著一定的興趣或關心的事情，進而努力實現的話，就能夠獲得相當程度的成功。那是與年齡無關，有可能發生的。

為了避免因為過於負面地談論運動問題，而讓在運動方面努力的人感到失望，接下來我也想就這個方面進行講述。

在我創立幸福科學，經過一段時間之後，我的體重明顯增加，並感到工作變得有些吃力，因此我便重新開始打起了網球。不過，距離上一次打網球已經是十幾二十年前的事了，所以球技是完全退步。

重新開始打了一年之後，表現得也不怎麼樣，和我的男性秘書進行比賽，也總是打輸。通常我只會贏一場，最終大多是以一比三輸球，我那時的球技就只有這種水準。

然而，當我持續打了四年左右以後，實力便逐漸增強了。此外，那時我還特地請來了專業的網球教練，和專業的教練進行對打，有時還能連續來回擊球六百次，或者是一百次抽球對打，因此，當時有人懷疑我是不是想要成為職業網球選手？

雖然我對於自己的體力，沒有什麼自信，但儘管如此，在中學時期我還算打得不錯，只是太久沒打的關係，球技有些退步。當我重新開始打之後，球技就提升到了一定的水準，以上即是我的親身經歷。

2 商社時代的學習經驗

一定期間內的能力差距，假以時日即會逆轉

幸福科學的信徒以外的人們，或許並不知道，實際上我在教團當中，對於英文亦傾注了相當的力氣，進行著各種的指導。

我在年輕的時候，對於英文既有著「自信」，卻又有著「挫折感、自卑感」的複雜情緒。

在鄉下的秀才當中，有很多人都有過在小學、國中時代，成績方面

出類拔萃的經驗。然而，從高中開始直到大學入學考試之前，全國就會接二連三地出現成績超級優秀的人。秀才大量湧現，幾乎到了「真不曉得這些人是從哪兒冒出來？」的地步。

為此，鄉下的秀才感到奇怪，以前的自己明明是遙遙領先的，和其他人拉開了差距，但現在全國的考生們都逐漸趕上了自己，實在是太厲害了。

這即是認為「民主主義果然是正確的！人的能力並沒有多大差別」的依據之一。只要努力，誰都能夠做到。因此，即便是秀才，在成績方面也會被其他人迎頭趕上，這確實是令人感到驚訝。

我在小學和國中的時候，都是領先其他人幾個學年，但是進入高中之後，就逐漸被其他人趕上，這讓我深切地感覺到「其他人也是很優秀的啊！」這實在是令人吃驚。人只要肯努力，誰都能夠做到。

由於有著如此事實，所以現在藉由教育開創了就職之路，此外也建立了一人一票制的民主主義制度。

如果說一定程度的人們，誰都有著可能性，那麼人的能力就沒有太大的區別，剩下的或許就是看每個人能積累多少程度的成績。

若以一定的期間為期限，的確能看出差異，然而，那並非是人們本身的能力有著很大的差別，只要假以時日，就有可能發生變化。

大學畢業之後遭遇的「貿易英文障礙」

譬如，即便是國中的秀才，也很難達到「和普通的高中三年級學生相比，還要更擅長英文」的地步。

此外，在商社時代，我還經歷了「不學習的話，就不可能擅長英文」的經驗。

雖然我在大學裡面也學過英文，但是商社的英文並不同於為了應付考試的英文。在通識課程當中，我經常閱讀莎士比亞的作品等文學著作。之後，進入了專業學科之後，在某種程度上，我能夠閱讀各個講座中，關於政治、國際問題和外交等方面的英文文獻。對於自己專業領域的英文，在某種程度上是能夠理解的。

因此，我未曾想過自己進入社會之後，會對英文感到自卑。

我是偶然就職於商社的，但是進入商社之後，我感到「自己的英文竟然這麼糟糕」而備受打擊。在商社中使用的英文，有著和學校英文，或者是和在政治學體系中學習的英文並不相通的部分，但是對於這個差異，我當時並不知情。

換言之，還有一種英文叫做「貿易英文」，這是在高中畢業都不會學到的英文，即便是大學，或許也只有相關科系的人才會學習，而我的專業並非是貿易，所以從未學過，甚至根本不知道何謂貿易英文。

對於連字典也查不到的大量英文單字感到驚訝

當時，研究社出版的《新英日 中辭典》是最暢銷、很受好評的英日字典，在當時的版本中，總共收錄了大約五萬六千個單字。

然而，當工作中遇到不認識的英文單字時，即便是翻閱這本《新

英日 中辭典》，也常常查不到哪些單字。坦白說，這是我第一次產生如此想法：「連英日字典上都查不到的單字，我怎麼會知道是什麼意思？」

但是，很不可思議的是，我周遭的人們都能很輕鬆地理解那些英文單字。

不管是不怎麼知名的區域性大學、私立大學，或是短大畢業的女性，只要是稍微比我資深的人，大多都能理解那些英文單字。

對於我所不知道的單字，甚至連字典上都查不到的單字，周遭的所有人全部都知道，對此我記得我的確受到了打擊。

現在回想起來，的確在各種不同的領域中，都有該領域的專業英文。好比說理工科的話，譬如化學設備、建築設備等領域，當然就會出現很多相關的專業用語。

與貿易相關的工作中，當然會出現實務貿易的英文；在外匯工作方面，則會出現外匯相關的英文。然而，我從未學過那些單字，有些甚至連字典上也查不到，所以才感到備受打擊。

因此，我當時感到其他的人們都非常優秀聰明，反之，過去曾以為自己的英文很好，結果卻突然變得不行了。

對於不認識的英文單字，只能一個一個背起來

但是，在這個時候，也不可太過於感到氣餒。

我剛進入商社半年左右期間，一直持續著彷彿沉於水中的狀態。也

就是說，我彷彿是跳入了泳池，沉潛於其中，直到頭部浮出水面，大概持續了半年左右的時間。那時候就只能忍受著痛苦，努力地學習英文單字。

這些單字在字典上既查不到，周遭之人也不會告訴你，但若是你不知道那意思的話，就會被他人嘲笑，所以不得已，就只能自己去進行各種推敲，並硬背下來。對於貿易用語、外匯用語，以及金融相關用語等英文單字，就只能一個一個地背起來。

那些單字若非是從事金融相關工作，那就沒必要知道，或是說肯定不會知道。

現在有一個名為多益（TOEIC）的測驗，這是一個測驗商用英文實力的考試。據說考題範圍內的經濟用語，大約有八千多個單字。然而，實際上常用的經濟用語，至少有三萬個單字。

因此，若是從事經濟相關職業的話，就會不斷出現必要的專業用語。對此，各位就必須將此視為任職於該職業的一種試煉，並加以學習，除此之外別無他法，只能克服。

實際上，當時我一面查閱英英字典，一面閱讀英文報紙的經濟版面，一邊努力劃紅線，一邊自己進行解讀，並且找出自己不認識的單字和片語，週末的時候，拼命查出那是指什麼意思。

我記得自己以前常會剪貼英文報紙，對於不認識的單字和片語以及表達方式等，進行了仔細調查，並分類歸檔，製作成學習筆記。

如此一來，非常不可思議的是，那些單字和片語的數量並沒有一直往上增加，而是在一定的範圍內。因此，若能在某種程度上掌握這些詞彙，就會變得能夠靈活運用。

這與頭腦的好壞並無關係，僅是「知道與否」的問題。如果長年在工作中使用英文的話，就勢必會在各種機會中，漸漸地記住這些單字。

不過，有些人若是無法儘快地掌握到這些單字的意思，就無法忍受那自卑感；也有些人即便是一知半解，亦能夠忍受如此狀態。會做何想，是因人而異的。

我很早就對於自己做不好工作，感到非常自卑，所以便決心「一定要想辦法趕上」，進而非常努力。於是，在不知不覺中，自己就掌握了那些單字的意思。

不同於一般情況的「商社用詞」

此外，在商社當中，單字的用法也並不同於一般的情況。

譬如，有一個比較難的英文單字「assignment」。在學校中所學習到的意思來說，此字是指「作業」的意思，比如暑假作業（summer assignment）。

然而，商社中的「assignment」不可能是指「作業」的意思。

有一次我的前輩問我：「關於你的 assignment 該怎麼辦？」我感到十分迷惑：「作業？什麼作業？我需要做作業嗎？」但實際上，這是指「任務分配」的意思。

assignment 在此是指「給誰派分何種程度的工作」，在分配任務時，商社通常都不會使用日文，而是用英文來說「assignment 要如何分配？」

從默默無聞的區域大學畢業的前輩們，都會使用那樣的詞彙，對此我深受打擊，甚至還曾懷疑自己是不是入錯行了？

一旦知道了那單字的意思，那就很簡單了，但是，在商社當中，如果有人對於「assignment」只知道有著「作業」的意思，而不明白其他的人們實際是在討論「任務分配」的話，就必定會被嘲笑。

職場中「不認識的詞彙」交錯橫飛

這不僅是英文，在日文當中也發生了同樣的問題。

譬如，比我年長二十歲左右的部長，有一天突然說道「今天是五十日，所以交通很擁擠」，我感到很納悶「『五十日』是什麼意思啊？」因為在學校當中從未學過這個詞，所以我不知道那是什麼意思。結果，被部長嘲笑「什麼？你不知道『五十日』是什麼意思？」對此，我感到非常懊悔。

所謂「五十日」，其實也不是什麼很難的單字，就是指「逢五、逢十的日子」，也就是五號、十號、十五號、二十號、二十五號以及三十號。

這些時候都是道路擁擠的日子，因為逢五或逢十的日子，大多都是交易或生意的截止日。

因此，每逢這些日子，車流量就會增加許多，所以不論是計畫要去到哪裡，都常會出現因為交通阻塞而遲到的情形。因此，出門前一定要考慮到這個因素。

可是，我因為從未聽過這個單字，所以納悶地問道「『五十日』是什麼意思啊？」結果就遭到了部長輕蔑：「什麼！你從東大畢業，竟然還不知道『五十日』的意思？」

我當時很想回應「在東京大學沒有人會教這個詞」，但顧及到這樣說話會得罪上司，所以就保持沉默。

雖然被這般數落「這種事情都不知道嗎！」但這也是事實。我的確是不知道這種古老的說法。不過，不知道被人唸，也是有道理的，因為對於做生意的人來說，知道「五十日」是理所當然的事。

就像這樣，不止是商用英文，在商用日文方面，也同樣有著很多學生不認識的詞彙。票據相關的詞彙、合約相關的詞彙等等當中，會出現很多不認識的單字。

我記得我每次接觸到不認識的單字時，都會感到很沮喪。即便在學校的學習中曾是一個秀才，但在進入社會後，也會碰到許多完全陌生的單字。

在社會上累積了一定經驗的人，肯定都認識那些單字，然而對於社會新鮮人來說，因為不認識那些詞語，所以就會感到很難受。

但是，不可以僅是「難受」，與此同時，還必須要記住這些詞語。

「到底是記住這些詞語，還是不要記住」，取決於每個人的選擇，但是「想要學習」的人，就必須自己進行學習。因為誰也不會教你，自己必須透過背誦單字、閱讀書籍，來增加自己的知識量。

我記得我在商社時代，便曾有過這般的經歷。

在我還是考生的時候，在學習上是相當用功，直到大學畢業為止，我自認為自己學習得很好。然而，當我出了社會之後，遇到了許多自己專業領域以外的詞彙，完全做不好工作。

雖然那「頭埋在水中的時間」實在很長，但經過半年左右之後，我就能夠理解職場當中人所使用的詞彙的意思了。

譬如，日本的歷史連續劇，有時會出現各地的方言，讓人難以聽懂，與此相同，在工作之際，也常常出現不認識的詞彙交錯橫飛的情形，讓我感到不知所云。

因此，做為新職員的我，有時和課長級別的人交談，常出現語言不通的情形，為此，就只能麻煩比我資深二、三年的前輩幫我「翻譯」，所以當時我常常被人說成「傻瓜」。

商社時代的失敗，全都是讓自己發憤圖強的契機

在商社時代，我不僅有著上述的語言問題，還包括對於工作執行上失敗等等，因此，我當時總是遭到他人的咒罵、批評，甚至是人格的批判。

但是從現在來看，我感到那些全都是很寶貴的經驗，全都是讓自己之後發憤圖強的契機。

誰也不可能從最一開始就是「完美先生」，既有著不知道的事情，也有著做不好的事情。

不過，對於不知道的事情，如果不主動去進行瞭解的話，那就永遠都不會知道。對於做不好的事情，如果不主動去努力做好的話，那就永遠都做不好。

如果因為「做不好」而自己放棄的話，那也沒有辦法了。在這種情況下，就只會被烙印上「工作不利」的印記，自己主動辭職，要不然就是被主管冷落，除此之外，別無其他出路。

因此，關鍵就在於自己能否跨越這個時期，這是必須忍耐的時期。特別是對於剛成為社會人士的年輕人來說，更是如此。

一旦成為社會人士之後，就會遇到許多自己不理解的話語和想法。誰都有過如此經驗，對於已經有經驗的人來說，這是很容易理解的事情。但是對於第一次經驗的人而言，則完全不瞭解這是怎麼一回事。

此外，我還明白了「在社會的學習中，也需要預習」。

並不是一味地做好自己的工作就好了，而必須觀察比自己資深好幾年的前輩，或是比自己資深十年以上的上司們所做的工作，對於他們在電話和交談中所使用的話語，也要仔細聆聽。必須要事先做好心理準備，「再過幾年後，自己也將做這樣的工作」。

一邊收集訊息，一邊學習，事先做好預習工作是非常重要的。此外，還必須思考「當自己身處那個立場時，是否能夠勝任工作」。

以上就是我在商社時代所學會的事。

3 幸福科學一直在挑戰未知的工作

捨棄一切，決心在無任何資本的狀態下創立宗教

在講述我出家前夕的「降魔成道」的內容中（參考《年輕時期的愛爾康大靈》、《對於我而言的人生習題》〔均為日本宗教法人幸福科學出版〕）曾提到，當我決定辭去商社的工作而選擇獨自立身處世時，其痛苦對我而言是非常大的試煉。

首先所面臨的問題是：「若是全部捨棄至今努力得到的成果，自己

能否闖得下去？」

當時我在公司當中，主要是負責財務部門的工作，在這方面的經驗比較久，所以對於如何訂定資金計畫等方面，是非常熟悉的。因此，在創立幸福科學之前，對於「幾乎沒有任何資本」的狀況，我自己也知道前景堪慮。

雖然天上界的高級諸靈，一直對我說「很快就會出現協助者」，但一開始並未出現相當於協助者的人。

當我開始出版靈言集之後，雖然收到了許多的讀者來信，但完全沒有收到過「我要捐贈金錢，請儘管使用」、「我願意拿出一筆資金」等具體消息。

因此，儘管沒有任何經濟基礎，最後我還是認為現在不做的話，就無法實現，進而下定決心創立了宗教。從資金為零的狀態開始，當時的這個小型團體逐漸壯大了起來。

從其他宗教的教祖傳記和教團史，學習「創立宗教的方法」

人們現在或許已經忘記，事實上在幸福科學發展的過程中，經歷過相當多的挑戰。在教團規模變大之後才進來的人們，並不知道先前的人們在各方面下了許多功夫。

在上一節我講述了「在公司的工作中，每當遇到自己專業以外的事情時，常感到困惑」的經歷，但是立宗之後，我則是遇到了開展未知工作的困難。在創立宗教之際，我沒有任何可以參考的資源。

我從來沒有學過「創立宗教的方法」，當然這也是無從學習的。因此，我一邊大量地閱讀其他宗教教祖所寫的書籍或教團史等，一邊進行比較，一邊營運教團。

在那些教祖傳記或教團史當中，雖然沒有寫著可以直接參考的內容，但有著許多關於「教祖大約在多大年紀時，做了什麼樣的事情」的記述，因此，我就一邊參閱這些內容，一邊推測創立宗教的方法。

我摸索著其他宗教的教祖在什麼時候，做了什麼樣的工作，並比較了幾個宗教的歷史之後，大概掌握到了營運宗教的方法。我即是以如此方式進行學習，靠自己的力量創立了教團。

「出版社」和「精舍」，也是一邊學習一邊創立的

我在創立幸福科學出版社的時候，也是一樣的情形。

從現在看來，那或許近乎是一個笑話，我當時因為沒有創立出版社的經驗，所以過程非常辛苦，雖說我曾在商社工作過，但並不表示我有著創立出版社的知識。

因此，我拜託一位經營印刷廠的信徒幫忙，姑且先草創了一間出版社。

當時此人和我約定：「在幸福科學出版社做為股份公司成立之前，自己做為代理來進行出版，等到股份公司成立以後，便會將所有的權利轉讓出來。」然而，當我真的將幸福科學出版社變為股份公司之際，此

人卻不想放棄權益，開始變得蠻橫起來。

因此，明明是我的著作，卻出現了「幸福科學無法取得這些著作」的狀況，這讓我吃了不少的苦頭。

那時，我從幸福科學指導靈之一的行基（奈良時代的僧侶）那裡，得到了這樣的建議：「自己做不到的事，是無法讓別人去做的。自己沒有能力經營出版社，卻想要讓他人經營而獨佔成果，這是行不通的。你必須要做足努力，以便自己能夠創立出版社。」於是，我便開始進行了各種學習。

之後，做為宗教的本業，我建立了精舍等等各種的建築物。然而，我從來沒有學習過如何興建能夠提供住宿研修的精舍設施，所以也不得不自己想辦法。當時我委託給弟子興建，但蓋起來之後都像是事務所一般的建築物，所以為了變更那些格局設計，也付出了不少努力。

以佛法真理補習班的營運經驗為基礎，進而創立學校法人

當幸福科學做為宗教團體壯大以後，就努力創立了學校法人幸福科學學園。在創立學校之前，我們嘗試營運名為「Success No.1」的佛法真理補習班約有十年左右，之後便以此為基礎，創立了學校。

剛開始營運「Success No.1」之前，就有著將來要創立學校的抱負。不過，當開設「Success No.1」之後，其實並沒有能夠創立學校的自信。

雖然我們不知道怎麼做才能創立學校，但是至少知道「孩子們到

底要學習怎樣的內容？若是缺少這方面的知識和訊息，就無法創立學校」。因此，在傳授佛法真理的同時，也對於小學、國中和高中的應試對策進行指導。

就像這樣地增加知識、資訊，終將能漸漸地開啟前方之路，實際上，正如當初的抱負一樣，現今我們也建立了學校。

現在我們正在準備建立大學（二〇一五年幸福科學大學開學），但在創立教團之後，又要建立大學其實是非常困難的事情。

不過，對於「建立大學」的這個目標，我現在正在考慮「這個大學所要傳授的知識，應該是何種內容」，並對於必要的內容，我能夠自行製作出概要。

對於那主要的中心部分，必須得讓人充分理解並進行指導，所以我現在正努力進行和準備工作，以便日後能將大學的營運委由他人進行。

藉由過去眾多的經驗，現今我們才能如此地有計畫地建立大學。

運用沒有政治經驗的信徒和職員，建立了政黨

此外，我建立名為幸福實現黨的政黨，可以說也是一樣的情況。雖然幸福實現黨一直持續地遭逢困難和苦難，但成立以來僅數年而已，所以我並沒有期待重大的成果。

譬如，如果我自己一個人想要以「政治改革」的名義撰寫書籍，並對外發表言論，如同評論家一樣講述各種意見，這並非是一件難事。只要對於政治和大眾媒體等進行學習的話，那就辦得到。再加上我們已

經有了幸福科學出版社，只要由此出版書籍的話，要做為評論家發表意見，是完全沒問題的。

然而，要運用完全沒有政治經驗的信徒和職員，去成立一個政黨，這確實是相當困難的事情，最近幾年一直苦於其中。

不過，我不想僅是我一個人發表對於政治的意見，而希望藉由成立政治團體，大家共同學習，眾多人一起進行各種各樣的政治活動，讓「個人的意見」逐漸轉變為「龐大組織的意見」。

如今，幸福實現黨做為組織正堅實地成長，從這層意義上來說，對於社會的影響力變得非常大。

我相信終有一天，它會成為牽引日本、牽引世界的力量。

我的想法總是領先於眾人，我自己本身也抱持著與此相應的目標，但是，做為現實問題，現在的幸福實現黨，是否有著足夠的政治相關的業務知識和政治經驗，可以被委以日本的政權，其答案並非是完全肯定的。對此，也要和過去一樣，一邊學習、一邊摸索，積累知識和經驗。

從這層意義上來說，對於失敗、挫折、他人的非難和批評等等，必須要忍耐才行。

4 信念貫徹到底

不怕失敗，具備忍受批判的力量

人生即是如此。

如果害怕失敗的話，那麼只要選擇做自己能力所及之事，或自己擅長之事，除此之外什麼也不做，走輕鬆道路即可，這是可能實現的。

然而，若想要開拓嶄新的世界，則必定會遭遇困難。通常情況下，人是不可能一下就成功的，必須要付出相對的代價、對價，否則就無法到達目標。

並且，直至結果出來之前的期間，必須要堅持鍛鍊精神力，並孜孜不倦地累積努力，這是很重要的。

特別是，具備忍耐批判的力量也是必要的。即便遭到他人的批評閒言或無理謾罵，也能夠加以克服，並持續地忍耐，具備如此的力量是非常重要的。

有些專業的政治家，儘管有著自己的主張，但是當接近選舉時，受到在野黨嚴厲的評判時，就開始隱藏自己的主張，講著模棱兩可的話語，或者只講對自己沒有傷害的意見，並且「不做任何約定、不做任何評論、不淌任何渾水」。

我們幸福實現黨，或許還被歸類為政治的外行，但即便是從這樣的我們來看，那種做法絕非理想的政治。只有大聲地說出應該做的事，並努力實現自己曾經承諾的政見，才是足以回應國民信任的政治。

選舉時講著模稜兩可的話語或敷衍搪塞、見風轉舵，等到當選之後，便立刻改變態度，做完全不同的事，這在民主主義的制度上，絕非是正確的事。選前即便是遭逢嚴厲的批判，也絕不可以扭曲自己的信念。

從這層意義上來說，「貫徹信念」是非常重要的事。

若是動機上沒有錯、追求的目標也沒有錯的話，那就必須要忍耐住苦難。若非如此，無論是宗教、政治，還是公司事業、教育事業等，一切的事物都無法取得重大的成功。

猶如烏龜般，一步一步地前進

在「戰勝試煉」的意思上，克服人生中眾多考驗，即是人生的成功之道。

如果僅是向神祈禱，盡可能地不要遭遇試煉、一心只求安穩的話，等到人生的最後，勢必會為自己的夢想太小而感到後悔。

比起描繪小夢想，並沾沾自喜於「獲得了百分之百的成功」，還不如描繪更偉大的夢想，並抱持著如此心境：「雖然沒有達到目標，心念沒有完成，有些遺憾，但剩下的部分，就交託給後世之人。」而結束世間人生。

從這層意義上來說，各位必須要變得更堅強，並且要具備抵抗批判聲音的力量。

能夠抵抗批判的「武器」並不是很多，但正如同烏龜在甲殼當中，保護自己一般，這種忍耐批判的力量是很重要的。並且，即便是持續遭逢批判，也要像烏龜一樣，一步一步地往前進。

換言之，孜孜不倦地努力是很必要的。被人瞧不起的外行人，藉由不斷地努力，終有一天，也能夠走上專業之路。

從我開始立志做學問，如今已經過了四十多年，持續了四十多年以後，不論是任何人，都能夠達到平均以上的水準。

在能力上，無法於短時間內掌握的知識，就只能花時間鑽研，如同烏龜一般逐步前進是很重要的，孜孜不倦地努力是絕對必要的。

抱持著回到原點，從零重新開始的氣概

就算是遭遇失敗，全部的努力歸為零，也必須要抱持著從零開始，重新來過的氣概。

每當我面臨各種各樣的困難、苦難時，我都會重新回到原點。回到原點，並反覆思索「在幸福科學成立之前，什麼都沒有。既沒有信徒，也沒有資金，或是任何形式的資本，也沒有足夠的經驗和知識。在這樣的狀況，自己摸索成立了幸福科學，並發展到現在的局面」。

若是這樣還不夠的話，我就會回顧到更久以前，並思索「自己出生在鄉下，和普通的孩子一樣成長，知道『憑藉一支鉛筆追求向上之路』的道理，熱心學習並逐漸獲得認同。回顧過去到現在，幸好自己從未停

止往前進」。

至今，我的活動領域涉及了各個領域，若是在開始宗教的工作之前，和一百個人商量的話，或許每個人都會跟我說：「不要做無謂的白日夢」。

不過，即便遭到了所有人的反對，或者是遭到了因為擔心的反對，我依然於現實當中挺過來了，對此我有充足的自信。

頑強的韌性源於「遠大的志向」

距今約十年以前，我曾罹患過攸關生死的重病，一度以為自己「已經走到了生命的盡頭」。

就在那時，我在醫院裡，校正了《成功之法》的稿件，並撰寫了該書的「前言」和「後記」，完全無視於自己患病，寫下了非常強勢的文章。與此同時，我還交代幸福科學的綜合本部，要打出「大川隆法著作突破四百冊發行紀念」的廣告。

當時，我想著「自己寫了四百本書，做為人一生的工作，這已經足夠了」，對於醫生我也講道「我講述了足夠的法話，也寫了四百本書，所以這樣死去也無所謂」。

然而，我的著作約十年前有四百本左右，截至二〇一三年的下半年，若將在海外出版的書籍和在教團內部發行的書籍合計起來，總數已經超過了一千三百本。此外，我進行說法的次數，當時還不到一千次，但至今卻早已超過二千次。

從這個意義來說，我切實地感覺到：「當人感到『已經走到盡頭』時，即為重新出發之時。」

我在二〇〇七年開始進行支部巡錫時，是帶著「自己已經走到盡頭了，所以想要和支部的信眾們見上一面，當做是最後的告別」。沒想到在巡訪支部的過程中，我的身體卻逐漸強壯了起來。

當我漸漸恢復了力量，體力甚至開始勝過以前時，我懷疑以前的自己到底在做什麼，自己變得能夠遂行更多的工作，人生真的是難料啊！

如此頑強的韌性是很重要的，而其根源，則在於抱持著遠大的志向，以及絕不輕易放棄，這是十分必要的。

齊心協力，遂行加乘的組織工作

非常惶恐地，本章講述了以我的經歷為中心的內容。我希望追隨著幸福科學的信徒和職員，每一個人皆能具備知識、智慧、經驗、精神力等，進而獲得成長。與此同時，幸福科學必須藉由團隊合作，開始真正地遂行做為組織的重大工作，這即為今後的課題。

一個人能夠實現的工作是很渺小的，然而，如果許多人齊心合力的話，就能夠完成重大的工作。

切不可僅是以「加法」告終，如果一個人能夠完成的工作，分成兩個人來做的話，即為「一加一」等於「二」，五個人的話即為「五」，十個人的話即為「十」，但僅是這種程度是不行的。藉由眾人一起遂行工作，必須要實現做為「乘法」的重大工作。

為了能夠遂行如此具有漣漪效應、高附加價值的工作，並做為大型組織抱持著更大的力量，引領幸福科學前進，這即是我今後的工作。

將此訂為自己的一個目標，並立志要引導全世界，則是追隨著我的人們的使命。

本章以「戰勝試煉」為題，簡單地講述了其概要，但願能成為各位的參考。

第3章

關於「德」的產生

——摒棄私心活於天命

1 以宏觀的視野，重新審視自己

培養有德的人才，並非是簡單之事

最近，我常常思考關於「德」的問題，在本章我想講述相關的內容。幸福科學在二〇一三年之時，便進入了「大悟三十二年」、「立宗二十七年」的年份，而我感覺到自己尚未對弟子們充分講述關於「德」的教義。

是否能妥善地傳達關於「德」的想法，即是我現在的課題。

人總是傾向於在自己所屬的團體當中，思考自己所處的位置。因此，人往往很難瞭解「在其他團體的人，是如何看待自己的？」、「從整體上來看，自己又是如何？」、「從其他的國家來看，自己又是如何？」

人總是難以用如此角度來檢視自己。

人通常會在一個與自己有著相同性質的想法、能力和才能等的團體當中，為自己定位，所以會很難去揣測和自己全然不同世界之人的心情或想法。

要回答「到底怎樣做才能夠獲得『德』」，並非是那麼容易的事。

在幸福科學學園國中部、高中部的成立之際，我們便常常論及「德育」、「培養有德之人」等話語，然而，當被問及「到底要如何教育，才能讓學生有『德』？到底怎麼樣的人，才能稱得上是有德之人呢？」時，並非是能輕易回答出來的。

同質團體當中的「德」，在社會上有時不通用

之前，我從幸福科學的學生部，聽說了二〇一三年度大學新鮮人集會的樣子。

從世俗的角度來看，被譽為菁英大學的大學中，也有著從幸福科學學園高中部畢業的新生。

這些人在幸福科學學園當中，當然得到了完全的認同、尊敬，並被認為是「有德之人」。

然而，當他們進入來自日本全國的菁英們所聚集的大學，率真地表現出自己時，似乎體驗到了「沒有那麼容易就被他人所認同」，若是以通俗的話來形容，那即是他們現在「到處碰壁」。

當這些幸福科學學園的畢業生們，在剛進入的大學中，拼命地向他人表達「我是這樣的人」，並傳達自己的信念或信仰時，被他人抨擊、質疑，現在似乎有些靈障狀態，變得很消沉。

也就是說，處於和自己有著相同信仰之人的學校，受到保護以及高度評價的人，一旦去到了不同的地方後，就會遇到此人難以想像的事。

然而，對於本來就沒有就學於以信仰為基礎的學校之人來說，從以前開始就是這樣的狀態。若非就學於宗教系統的學校，而是去普通的國中和高中的話，大致都是這樣的狀態。

在公立的國中和高中，自稱「自己有著信仰」的人，通常會被認為「不正常」，進而被抨擊、排斥。現在他們為了能「存活下來」，正磨練著智慧。

另一方面，那些聚集於創造宗教菁英的學校，並在那裡度過生活的人們，即便在校時很優秀，但是畢業之後，通常都不具備足夠的免疫力。因此，我認為必須要讓他們知道外界的文化或者是思考方式。如果說因為擔心前往其他大學會遭遇困難，進而逃到幸福科學大學的話，那麼四年後從大學畢業時，也是會遇到同樣的問題。

因此，對於在幸福科學當中，我們所稱的「德」，是否能通用於世間的問題，我們必須要試著重新思索。

能夠獲得同性質團體當中的夥伴們好評的事情，在外面有時也未必能得到好評。對如此現象，各位必須要知道其原因到底為何。

透過宏觀的視野重新審視自己，即為「德的成長」

總之，問題的解決方法即在於「歸屬於和自己不同團體中的人是如何看到自己的？在社會整體、國家整體當中，自己是定位於何處的？從外國的角度，是如何看待自己的？最終自己能以如此宏觀的視野來看待自己嗎？」

此外，從某種意義上來說，能夠透過這般宏觀的視野，來重新審視自己，其實也是「德的成長」。

社會各個領域當中，有著透過各種形式獲得成功、發跡的人，然而，其他人對此是如何評價的，通常都難以得知。

譬如公司的老闆，若是企業的規模變大，在公司當中他就會像是天皇的存在，有時會耍威風、擺架子。然而，此人對於其他世界的人們是如何評價自己的，通常都不是那麼容易理解。

因此，對於自己必須要進行客觀的審視，這也是非常困難的事。

2 努力不要流於「生物界的法則」

動物們眼中的生物界自然法則

在此，我想要先講本章的結論。

如果將人視為一種生物，有著動物的屬性的話，那麼理所當然地，人會朝對自己有利的方向前進，並有著遠離對自己不利之物的習性。

觀察動物，對此就能理解，譬如獅子、老虎、犀牛、鱷魚等體積龐大的動物，或者是氣勢猛、攻擊性強的動物，當然會發揮其「強大」、

「能打倒敵人」的特徵，藉由「攻擊即為最大的防禦」的方式，選擇存活之路。

另一方面，兔子、栗鼠、老鼠、鹿、斑馬等，容易成為獵物的弱小動物們，則會思考「如何才能察覺危機，順利逃走」。正如「狡兔三窟」的成語一般，兔子會思考要如何分散藏匿的窩，以便能逃離危機。

此外，兔子的耳朵很長，且非常靈敏；而貓這種長著鬍鬚的動物，即便是在屋子底下黑暗的地方或洞穴當中，也能夠接收到各種的訊息。

就像這樣，對於弱小的動物而言，重點在於「如何才能有效地保護自己」；反之，強大的動物則是考慮「如何進行攻擊才能捕捉到獵物，佔據有利的立場」。

人的性格，當然因人而異，通常都會有著身處某一方的傾向。

此外，也有人不屬於任何一個立場，而是處於中間，如同狐狸一般，用各種騙術招搖撞騙。說好聽一點，這是一種智慧，是一種不好的智慧。總之有些人會用某種智慧，想辦法生存下去。

這就是生物界當中的自然法則。

宗教家和革命家會做出違背「自然常理」的行動

從歷史上來看，被公認為「有德之人」的人物中，可以說有許多人做了如同生物界法則的行為，一般人不會做的事，他們卻做了。

其中，有些人是有著比一般人更高遠的智慧，他們知道某事或許還不明朗，但將來一定會發展為某種樣子，進而基於偉大的智慧判斷並付諸行動；還有一些人認為在該時代於該地區所發生的事是邪惡的，並且不肯屈服於如此邪惡之事、無法屈服於如此價值觀，進而起身奮戰而亡。

宗教家當中如此類型的人特別多，此外，革命家中也有很多這種類型的人。

在這種採取違反自然常理行動的人當中，很多人都是有德望之人。不過很遺憾地，在現實當中，這種人很少在活於世間之時便得到認同，通常都是死後過了一段時間才獲得認同，其中，更有人完全無法獲得認同。

做為人生於世間安家立業，本來就不容易將自己的評價交付給幾百年之後，通常必須要在活著的時候，就獲得家人的好評、同事或上司的好評。人通常會先如此考慮，而主張「將評價交付給數百年後或一千年後」的人，一般會被稱為夢想家。

如此思考方式，的確是難以理解的。

麥克阿瑟從昭和天皇身上看到「活」的神

對於以上所述的內容，我想列舉一些例子，簡單易懂地說明。

提及指導者，譬如有日本的昭和天皇。

關於此人，流傳著這樣一段故事：「二戰結束後，麥克阿瑟做為佔領軍的最高司令官進駐日本時，昭和天皇親自前往拜訪GHQ，即駐日盟軍總司令部，並提出如此要求：『我本人被怎麼處置都無所謂，即便我被判處死刑也沒關係，只希望你們能給日本國民糧食，幫助日本國民。』對此，麥克阿瑟感到十分震驚」。這個故事是否經過美化，我們不得而知。

然而，親自前往GHQ的話，明明是極有可能遭受死刑，但昭和天皇卻說出這樣一番話，讓麥克阿瑟感到很震驚，或許有些誇大其詞。但據說麥克阿瑟亦曾講道：「我在日本看到了『活』的神」。

此外，戰敗後，昭和天皇還曾進行過「全國巡幸」。他幾乎是在毫無警衛戒備的情況下，巡迴日本全國，但從來不曾爆發過一例恐怖攻襲或叛亂等事情。為此，佔領軍感到非常吃驚。

戰爭中的美軍一度認為「日本和法西斯國家一樣，也是非常惡劣的國家」，所以曾推想「若將天皇公開示眾的話，他有可能會立刻被民眾倒吊起來並殺死。天皇就是這樣的存在」。可是，天皇在巡幸全國的過程中，卻不曾遭到攻擊。

並且，那也並非是因為有警衛森嚴地守衛著天皇陛下。

譬如，渡部昇一先生也在其著作中如下描寫。

渡部先生在山形縣度過了少年時代，於日本戰敗之時約為十五歲左右。當他看到昭和天皇來到山形縣的時候，他在書中寫道：「正在堤防上玩耍的我們，飛奔過去迎接天皇，陛下身邊沒有警衛跟隨」。

換言之，即便是沒有警衛，昭和天皇亦從未遭遇過襲擊。

據說看到這樣的狀況後，GHQ感到的印象是「這位天皇和獨裁者希特勒，或墨索里尼是不同的」。

墨索里尼死得非常悲慘。有一張照片顯示他在遭到民眾殺害後，屍體還被倒吊在廣場示眾。墨索里尼即經歷了那般慘不忍睹的死法，而希特勒最後也選擇了自殺。

他們的死法是如此悲慘，但昭和天皇卻在戰爭結束以後，依然得以存活下來，並為了日本戰後數十年間的繁榮進行了努力。

GHQ從昭和天皇身上看到某些非凡的氣質，並感受到了非世俗的存在。

不過，昭和天皇本身對於在二戰中，有許多的年輕人高喊著「天皇陛下萬歲！」的口號，組成神風特攻隊攻入敵軍，並戰死沙場的歷史，卻感到了非常沉重的責任。戰後，天皇恐怕也沒有從這個重負中獲得解放，我想他一生都未曾得到解放。

然而，我感到在這個過程中，藉由國家的繁榮，他多少獲得了些許內心的安寧。

從地洞被拽出來的薩達姆·海珊的可憐之姿

我不知道將此人拿來和昭和天皇做比較是否合適，譬如伊拉克的薩達姆·海珊的最終下場，實在是讓人感到慘不忍睹。

他曾那般豪言壯語地說「要和美國交戰」，但最後卻像老鼠一般躲藏起來，在家鄉提凱瑞特郊外一個農舍地洞被美軍逮捕，並被拽了出來。其逮捕後的姿態，亦透過電視播映出來。很遺憾地，那般逮捕方式，在日本是無法想像的。

他對外是如同於獅子一般怒吼，但在實際行動中，卻如同於老鼠一般逃竄，這兩者之間存在著矛盾。

另一方面，戰後的日本，諸如首相或部分的閣員紛紛企圖自殺，實際上也有人因此身亡。為數眾多的人都不是遭到佔領軍的處決，而是透過這樣的方式自決。

因此，即便人們想要擁護薩達姆·海珊，但看到他最後一刻的樣子後，其感受想必是難以言喻的吧！

躲藏在密室並扮演「瘋子」的奧姆教教主麻原

看到海珊遭到逮捕的樣子後，大眾媒體談論到「似乎曾在哪裡見過這個場景」。於是，我便回想起了以下的事情。

一九九五年日本發生奧姆教事件以後，機動部隊對於位在山梨縣上九一色村（當時的名稱）的奧姆教「Satyam基地」，即奧姆教製造沙林毒氣以及槍械等設施進行搜查。然而，不論怎麼搜查，也始終沒有找到教祖麻原的藏身之地。

但最後發現，在天花板後方的隱密房間中，麻原躲了好幾個小時。當機動部隊逐個敲擊建築物的牆壁時，發現有一個地方的聲音有所不同，感覺很可疑。將牆壁拆除後，發現有人藏在裡面。當詢問道「你是麻原嗎？」裡面回答道「是的」，於是麻原的藏身之地暴露，遭到了逮捕。

電視節目的評論家們說道「即便是像我們這樣沒有信仰心的人，對此也感到很失望。真希望他能更自重一點」。

因為人們以前曾看過這個場景，所以當看到海珊被捕的狀況時，才會感到「他和麻原被捕時的感覺很相似啊！」

麻原事先就在「Satyam基地」建造了密室，以便發生狀況時，可以做為藏身之用。

他一方面對外進行攻擊，講述著「為了拯救人類，要透過直升機從東京都的上空播撒沙林毒氣，將東京都民們全部殺死」的英勇話語，另一方面，他卻為了自己的安危，模仿魯邦三世的行徑，試圖藏身苟活。這方面的矛盾，實在是難以言喻。

此外，打從被捕入獄後，此人在法院等也一直佯裝成瘋子的樣子。他是否真的變成了瘋子，我並不清楚。或許他想透過裝瘋，來逃避被判處死刑，結果在努力裝瘋的過程中，真的變成了瘋子。關於這一點，無法獲知詳情，但是他努力想要逃過死刑，這點是很明確的。

如果做錯了，那就將錯就錯，堂堂地堅持講述自己的主張而死去，做為宗教家來說，這樣做反倒乾脆。就算是做錯了事情，也應該說「我是根據信念而活動的。我認為自己聽到的神的聲音是正確的，所以就那麼做了」，這樣做才符合宗教家的修為。

然而，他們只考慮到自身的安危，而演著各種戲碼，這實在是讓人感到遺憾。

3 看透人品的簡單方法

使其經歷上下兩個極端，即可瞭解此人人格

我在過去曾多次講述過「如果要看透一個人的『人格』，有一個簡單的方法是，將此人的地位時而提升、時而降低，然後觀察此人在不同的狀況下，採取了何種的態度即可。試著讓此人晉升到最高職位，並且再降到最低的位子，使其經歷這兩極端之後，即可大致瞭解其人格」（參考《不動心》等）。

透過這個方法，真的很容易瞭解一個人的人品。

當然，在自己升遷的過程中，鮮少有人感到生氣。通常人們都會感到心情愉悅，並且會變得非常忠實、溫厚，待人和藹、寬容，看似一位有德之人。

然而，當遭到貶職後，有人就會突然改變態度。在過去二十多年中，很遺憾地，我看到了很多這樣的人。

當獲得晉升時，人會很忠實並有著信仰心，這並不是什麼不可思議的事情。可是，即便遭到貶職後，依然不捨棄信仰的人，才是難能可貴的。

「經驗了晉升和貶職，且不論在任何一種狀況下，都抱持著信仰心」，如果不能滿足這個基準的話，那麼，即便是曾經歷本會的幹部，通常最終也會離開本會。不是辭去職員的身分，要不就是離開教團。

此外，還有一部分人在離開幸福科學後，對教團進行攻擊。那般心情是可以理解的，但這種人就很難稱之為「有德之人」。

有些人一旦變得食不果腹，或感到「有損自己的名譽」，或遭到貶職之後，便立刻對自己迄今為止所信仰的事物，並且是曾向其他人們所推薦的事物，突然採取完全相反的態度。對於這種人，終究都會留下「無德」的印象。

當出現如此情形時，只會讓人感到「遺憾」。

這是一個非常簡單的判斷方法。只要觀察某人升職和貶職時的兩個方面，即可大致瞭解其人格。

無論升遷或是貶職，態度都不會發生任何改變，依舊默默地遂行自己該進行的工作，這樣的人算是了不起的人。另一方面，透過利害關係來進行判斷的人，即便暫時看似是偉大之人，但終將只能歸類於凡人的範疇。

就實業家而言，「英雄」和「壞人」只是一紙之隔

此外，還有一種世俗性的判斷。在世間當中，除了宗教的信仰以外，人們還樹立著其他某些疑似信仰之物。

譬如，世間樹立著類似的學歷信仰、醫學系信仰，以及對於在世間出人頭地的疑似信仰。換言之，那即是成為社長、公司幹部等職位，或者是公司名稱、「一流公司」的名牌。諸如「在哪裡就職啊？」、「賺

到了多少錢啊？」等，人們有著各種各樣的「信仰」對象。

這些雖然和真正的信仰有所不同，但是對於誰都想要得到的世間之物，藉由獲得一定程度的勝利，許多人都有著疑似信仰行為般的感覺。

在這種世俗的評價當中，隨著地位的提升，有很多時候可以感受到自己被他人所信仰。

然而，這些人終究會面臨退位的時候。即便是公司的社長，也有著退位的一天；就算是大富豪，也會有家財耗盡的時候。因此，問題就在於「到了這種時候，此人是否能夠留下好評」。

特別是就實業家而言，成為英雄或壞人，只是一紙之隔而已。

譬如，在新的產業領域獲得了巨大成功後，有人鋃鐺入獄，對於此人的功過判斷就變得非常微妙。在其他領域，也出現類似的事。究竟是會走入圍牆當中，還是圍牆之外，其差異是非常微妙的。我感覺這和個人的「德」多少有著一些關係。

新型產業中的人也是如此。如果在獲得成功的時候，抱持幸福科學所講述的「三福」（惜福、分福、植福）的思想，有著惜福的部分，並且多少展現出「為了他人發揮自己的福德」的心情，那麼來自他人的異樣情緒多少會有點淡化。然而，不知那是否是罕見的思考方式，人們總是難以理解。

之前「新型產業的領航者」的其中一人，或許是出版社編輯部的宣傳詞，在此人所寫的書籍書腰上，加上了「沒有花錢買不到的東西」等字眼，進而惹怒了檢調單位，最終發展成「不可饒恕！必須將其逮捕」的事態。

我想檢察單位的確被那句話給刺激了，不過，這是否是當事人所說的話，似乎有些微妙之處，但最後其結果就是被逮捕入獄。

總之，越是成功，在某種程度上，做為社會人士的知性程度也必須有所成長。

其中，還必須有著自我犧牲的精神。與此同時，亦必須有著增進他人福德的心念。

超越個人好惡，透過公平無私的態度看待他人

此外，當地位變得越高時，就越會影響到更多人的人生。因此，從這層意義上來說，就必須要盡可能地做到公平無私。

身為人，當然會有著個人的好惡，既有著自己喜歡的類型，亦有著討厭的類型。一般情況都是如此。但此時，必須要努力超越個人好惡，抱持公平無私的態度。若能努力抱持如此精神態度，即會漸漸地變成那個樣子。

從過去的例子來看，就算自己有著喜歡或討厭的類型，也必須考慮對於這個公司或團體而言，或者是對於這個國家而言，此人到底是必要之人，還是不必要的人？是有用之人，還是無用之人？是否能夠發揮作用？

然後，你是認為「此人必須要留住，必須要保護此人」，還是認為「此人是有害之人，所以必須要除去此人」，必須從中做出判斷。

地位越高的人，就越要抱持公平無私的感覺，在起用人才時，必須能經得起外界檢驗，這是非常重要的。

從這個意義上看，哪怕是本來性格溫和之人，也必須伴隨著一定的嚴酷，這是職務上的嚴酷。

4　「公職人員」須抱持著與身分相符的自覺

山折氏的第二論文指出了「皇室公務的重要性」

最近，繼宗教學者山折哲雄先生在「新潮45期」（二〇一三年三月號）上發表了「皇太子殿下，請您退位」的論文以後，我便出版了關於皇太子殿下的守護靈和山折先生的守護靈的靈言合訂本（《守護靈專訪──向皇太子殿下詢問接任下一任天皇的自覺》〔日本幸福科學出版〕）。

不過，在該書出版之前，山折先生就已於「新潮45期」（二〇一三年三月號）上發表了第二論文《皇位繼承的應有之姿》。那時我正處於對該書進行校正的階段，所以該書是在山折先生發表第二論文之後才出版的。

山折先生的第二論文中，是以稍微岔開話題的方式，描寫了很多關於「歐洲的王位制度等，和日本的皇室問題是完全不同的」等內容。可是，對於最重要的天皇的皇位繼承問題，卻只寫到了「出殯儀式」的問題。

即上一任天皇過世以後，將立刻擁立下一任天皇。幾個小時過後，新的天皇就會出現，舉國上下高喊「萬歲」。但是，皇室有著「出殯儀式」的制度。當先皇駕崩之時，要經過四十五天的時間，直至遺體火化之前，需要花費很長一段時間。在這段期間，新的天皇要為已故天皇的遺體守夜，並接收已故天皇的靈力。這種的儀式存在於日本的神道教當中。

對此，我在二〇一二年出版的雅子妃的守護靈靈言（參考《祈禱皇室的未來》〔日本幸福科學出版〕）中曾有所提及。我感覺山折先生的論文，可能是從這個內容中獲得了啟示。

坦率地來說，這是日本神道教中傳統的宗教行為。山折先生是借此質問雅子妃：「能否理解這樣的行為？」也就是說，山折先生認為「雅子妃對於天皇制度當中的這種宗教行為，似乎無法理解」，進而間接地對此進行了批判，我有如此印象。

此外，雅子妃沒有出席二〇一三年四月十八日在赤坂御苑舉辦的園遊會。因為有二千人到場，園遊會似乎是雅子妃難以應付的事情之一。然而，「雅子妃無法前往日本的赤坂御苑，卻能夠到荷蘭參加新國王的登基典禮」，這真的是非常不可思議的事。

「以前因為父親的工作關係等去過荷蘭，所以前往荷蘭的話就沒問題，前往赤坂御苑則不行」，雅子妃的這般言論觸碰到山折先生的敏感神經，故而認為「雅子妃不是為了工作，而是依據自己的喜好參加活動」。

山折先生感到「雅子妃並不瞭解『何謂皇室的公務』，以及如此活動的重要性，依然是做為一介『私人』，和普通的上班族一樣，根據自己的好惡來選擇參加活動，或是不參加活動」，對此進行了尖銳的批判。

此外，皇太子殿下對於這個問題，也無法給出令人信服的解釋。對此，山折先生也抱持著強烈的問題意識。

以上就是我所感到的內容。

此外，大約是我校正完該書之後，在二〇一三年四月的中旬，安倍首相的守護靈連續三天前來我的住處。他到底在煩惱著什麼事情，我並不是十分瞭解。但當時，正面臨著北韓局勢的重大問題。

某週刊雜誌感到「大川隆法選擇『公務』」

事實上，除了書中的靈言之外，幾天後，山折先生的守護靈又來找我，跟我聊了一段時間。那時，他講述了比收錄靈言當時，更像一位宗教學者的話語。

此外，他還提到了我的事情，極力辯解道：「媒體比你們所想像的還有著更瞭解情況的一面。」

關於新潮社，他還講道：「他們在努力抨擊幸福科學的過程中，學習上獲得了很大的進步。他們是一方面批判大川隆法，觀察結果會變成怎樣，另一方面也批判天皇家，靜觀結果如何，最後將兩者進行比較後才做判斷。」

「他們曾那般批判大川隆法，而且是和《週刊文春》聯手進行抨擊。通常，不是教團崩潰，要不就是停止推動傳道工作，抑或是爆發某種事件，使得教團無法運作，但是大川先生卻沒有放棄工作，依然照常持續工作。關於公務方面也始終貫徹著『不放棄』的姿態，完全沒有改變。

此外，若是有人有著結婚二十多年的妻子以及五個孩子，若是出現離婚事件，一般都會因為『社會上不容許』的理由，被外界抨擊。

對此，此人往往會難以忍耐，變得心煩意亂、精神變得不正常，或者是無法堅持進行工作，要不然就是發生某種事件，使得教團無法正常運作。然而，大川先生的情況卻是弟子們不離不棄，教祖本人亦未放下工作，沒有改變方針，照常持續工作。

看到這種情形後，大眾媒體雖然不願承認，但是也感到大川先生選擇『公務』的態度是毫不動搖的。」

以上就是他所講述的內容。

此外，他還說道：「與此相比，皇太子殿下就有點太過於注重自己。於是，媒體在看待皇室時就變得更為嚴格。總之，他們是比較兩者之後，再進行報導的。」這實在是有些奇怪和微妙的誇讚方法，但他就是這樣講述的。

然後，他還進一步總結道：「總之，大川隆法先生矢志不渝地堅持工作，可以和四大聖人齊名」。這是否屬於誇讚之詞，我就不得而知了。

「四大聖人的釋迦、耶穌、孔子和蘇格拉底，皆有著支離破碎的家庭。聖人的家庭通常都是一場糊塗的，但這就是聖人。

當然，以家庭為重，逐漸擴展到社會，再從社會發展到國家來打造烏托邦的思想也是存在的。然而，這是對於庶民講述的教義，而教導這些教義的聖人，其家庭大概都是一場糊塗的。

究其原因，就是因為聖人不得不遭逢一般人無法經歷的試煉，並且必須和那般誘惑戰鬥。因此，家庭的破碎就是無法避免的。所以，大川隆法先生即可和四大聖人齊名。」

山折先生的守護靈，就是給予我這般奇怪的讚美話語。

我真的不明白這到底是好事，還是被設計了。或許是他感到「自己可能會遭到攻擊」，所以就將我抬舉起來，指出「週刊雜誌也逐漸瞭解了大川先生的態度」。

但的確我也並非沒有具備那般面向。

公眾之人須稱職地「奉公滅私」

的確，有眾多人們相信我，並追隨著我。

如果我所說的是為了欺詐或其他目的而編造的謊言，我僅僅是想要變得偉大，為了名譽、金錢、以及事業欲望等才遂行工作的話，那麼，我可以隨意扭曲我的思想。

然而，我相信這是真理，並實踐著真理。對於追隨著這真理而來的人們，我絕不能背叛這些人。我即是在如此思想之下，遂行著工作。為此，我是絕不會改變初衷。

我的講演經常在海外電視台播放，最近在日本國內的電視台也開始漸漸播放。

此外，山折先生的守護靈，亦講述了以下的話語：

「在二〇〇九年的眾議院選舉的前夕，大川先生成立政黨（幸福實現黨）的時候，在人們眼中看來恐怕也是很異常的事情。但是經過了四年以後，這個國家的危機狀況仍未得到好轉，問題依舊沒有解決。

然而，那時（四年前）大川先生所講述的話語，多少讓日本人做好了準備，世間的人們有著『大川總裁講述的話語並沒有錯』的印象。如今，人們已逐漸理解了『大川總裁的話語是正確的，而且他始終相信自己是正確的』。」

這是非常嚴峻的問題。對於一般人而言，鮮少會經歷「成為公眾之人」的經驗。對此，誰也不會教導自己，也沒有教科書可參考，只能靠自己進行判斷。但是，終有一天會出現必須「奉公滅私」的課題。

透過「完全燃燒」的心念，提升對抗負荷的力量

我很疼愛自己的五個孩子。因為疼愛這五個孩子，所以對於陪伴自己二十多年，並為自己生下五個孩子的前妻，當然也並沒有那般地憎恨。

此外，我在二〇〇四年的時候，曾一度生命垂危。從那以後，我便抱持著「自己隨時可以死去」的想法。

不過，雖然我自己抱持著這樣的想法，但是在幸福科學的組織當中，眾多的人們都將傳道工作視為自己的天命來遂行，所以我那種想法是不被容許的。

從醫學的常識來講，當時的我立刻死去也不奇怪，此後我被告知

「有百分之八十以上的機率會在一年之內死去」。一年過後，我又被告知「五年以內絕對會死去」。

然而，從那之後經過約十年的時間，我仍然還活著。並且和過去相比，我能完成十倍、二十倍的工作量。

醫學的常識在我身上並不適用，這就是宗教的功德的證明吧！我反而變成了宗教家。

我完全打破了醫學的常識。相反來說，我堅持認為「倘若剩餘的壽命很短，我就必須工作到直至完全燃燒為止」，這樣的心念即為打破常識的理由之一。越是如此想，反而會湧現更多的熱忱、熱情，以及行動力。在這個過程中，我感到我對抗負荷的力量逐漸提升。

此外，在進行各種工作的過程中，我對於世界和國家的看法亦發生了變化，對於承擔世界和國家的責任也有了改變。對於那些和自己沒有直接關聯的事物，也開始感到了責任感。

這個「公」和「私」的思考方法，其實是沒有教科書的，所以有著難以理解的一面。但是，我感到「自己必須要進行某種的判斷」。

當然，既然是做為人轉生到世間，那麼進行的工作、思考的事物當中，勢必會出現錯誤。不過，至少我是在認真思考之後，對於自己認為「這是正確的，這是真理」的內容，抱持著矢志不渝的態度。

如何看待東野圭吾的「伽利略系列」

東野圭吾「警員類」的小說當中，有一個天才物理學家登場的「伽利略系列」，在社會上風靡一時，並製作成電視劇和電影。戲劇中的登場人物是一位天才物理學家，此人堅持認為「無法相信靈魂等非理性的存在，那種怪異離奇之超自然現象，實際是不存在的。絕不容許無法透過物理學查明的事情存在」。這部電視劇的確是很有趣，獲得觀眾的好評，我有時也會觀看。

如果那僅是完結於物理的世界，那倒也無所謂。然而，在物理的世界以外，還有著其他的世界，這也是事實。儘管可以主張「在物理的世界當中，情況是這樣的」，但若不知道「在物理以外的世界當中，情況是怎樣的」，就必須要謹慎自己的發言。

二〇一三年，這部電視劇又製作出了新系列。第一集即是「宗教的教祖」和「物理學家」的對戰。

在劇中，某宗教的教祖發送了念力。但實際上，他只是透過使用某種裝置發出微波，進而溫暖他人的身體，使他人感到暖和。

不過，我認為對於宗教而言，這真的是一部很差勁的電視劇。

主演是福山雅治先生，他在NHK的歷史大河劇「龍馬傳」中飾演龍馬，博得了相當的人氣。對我而言，我並不討厭他，他也是讓人難以批評的類型的人。然而，若是那齣戲劇一旦讓唯物論和無神論流行起來的話，那就很讓人傷腦筋了。

本會曾經對於尼斯湖水怪進行遠地透視（《遠地透視是否真的存在尼斯湖水怪》〔日本幸福科學出版〕），並對於月球的背面進行了靈查（《遠地透視月球的背面》〔日本幸福科學出版〕）。

如此行為對於「伽利略系列」中的天才物理學家來說，恐怕會感到

「絕不容許這種事情的存在」，並想要以物理學家的身分進行查證吧！

就像這樣，幸福科學做著正好相反的工作。

不過，雖然外界對如此領域做出那般判斷，但就本會而言，我們只是做著該做的事。

當然，如果我們想要擁護東野先生的話，那也是有可能的。

我並不認為他是完全的唯物論者。在他的作品當中，也有著描述了代替靈魂說法的雙重人格現象的內容，所以我相信他對超自然現象也進行了相當的學習。他正在超自然現象的邊界線上，對於人為的造假和真實的現象，竭力地進行研究。因此，我並不打算完全地否定東野先生。

只是我感覺到「世間人們真是難以說服」。

我是為了「千年後的讀者」而持續出版書籍的

當我聽說「村上春樹在二〇一三年發行的新作，一週內的銷售量高達一百萬本」的消息時，確實有點想要將幸福科學出版社的社長叫過來。

並且我想質問他：「你到底在做什麼啊？」

若是一週內就能售出一百萬本的話，那麼一年的銷售量將達到何等程度啊！為此，我甚至想過「我汗流浹背地努力出版了這麼多書，這是非常辛苦的。就讓我將幸福科學出版社的社長叫過來，發上一頓牢騷吧！」

不過，周遭之人告訴我說：「村上先生的作品只是暫時性的，很快就會被人們忘記，並逐漸消失的。但大川總裁的著作，即便經過一千年後，亦將為人們所閱讀」，所以我就想「這樣啊！既然一千年後人們還要閱讀的話，那就沒辦法了，我只能繼續工作」。

雖然我接連地出版了許多書，但因為讀者難以立刻理解其內容，所以當我出版的書越多時，反而有著銷售量難以增長的傾向。不過，每當我想到「要流傳給後世」時，就會有著「該出版時還是必須出版」的心情。因此，光是想要出奇招賣書，如此態度是不行的。

我即是抱持著如此心態，所以才能夠不斷地精進。

5 向人類展示「何謂『德』」的四大聖人

藉由「包容出現自我矛盾的問題」將產生「德」

以上，我講述了諸多內容。在此，我想要進行想法的整理。

當然，如果沒有在一定程度上非常優秀，則無法產生「德」。唯有抱持著有別於「生物學上一般的人生態度」時，才有可能產生「德」。

吉田松陰即是如此。他抱持著和普通人相當不同的想法。

這是產生「德」的一種情況。

簡而言之，當產生「德」的時候，其中必定存在著某種矛盾。相反的價值觀或理論，發生著衝突。並且，還有著使兩者同時並存的想法。要使相反的價值觀同時並存，是一件非常困難的事情。因此，若能成功地使兩者同時並存，那將會成為此人的「德」。

就拿昭和天皇的例子來講，做為人的理所當然的判斷，通常會認為「前往GHQ『自首』的話，或許會被殺」。但另一方面，昭和天皇也有著「想要拯救日本國民」的心情。這兩者是二律背反（antinomies）的想法，因此必須要將兩者統一起來。

此外，還有著「在工作上，一方面必須留意小處，另一方面亦必須要觀察大局」的問題。這也是一個難題。

做為首相，有著必須要留意到細微工作的一面，亦有著必須要看清楚大局的一面。

此外，「是否是看到了時代的潮流」也是很重大的問題。

譬如，關於法律上的解釋，即便以前在學校學到了很多知識，但隨著時代的變遷，對於「自己應該如何進行思考」的問題，應該要有另外一種不同的判斷。

不過，此時當然也會出現反對勢力、批判勢力。在那過程當中，對此該如何進行思考，是非常重要的。

對於這般的引發自我矛盾的問題，此人是如何包容看待，攸關著此人會出現多少的「德」。

從蘇格拉底、釋尊和孔子身上看到的「德」

譬如，蘇格拉底即是如此。

他接受了死刑判決，當時他有妻子和孩子，弟子也在想方設法解救他，監獄的獄卒也努力幫助他逃跑，他卻沒有逃跑，堅持惡法亦法，仍選擇喝下毒芹汁而死。

蘇格拉底做了令人感到非常矛盾的行為，他讓人們感覺到有時為了真理而死，要比活著更加尊貴，他親身實踐了難以讓人理解的理論。

釋尊亦是如此。

當年釋尊離棄了家人，捨棄了釋迦族，其結果是釋迦族遭到了滅亡。但釋尊為了開創佛教嶄新的教義，成為了山林修行者，並逐漸成為宗教指導者。

從世間的角度，或從週刊雜誌的角度來看，釋尊的行為絕對會遭到非難。身為唯一的王位繼承人選擇出家，那麼留下來的人們該怎麼辦呢？眾人絕對會進行如此批判。釋尊絕對會被視為沒有責任感的人。

然而，他為了將佛教偉大的思想流傳到後世，我想他必定是認為「那是不得不為的行為」。

此外，孔子竭力講述著「禮」、「智」、「信」、「義」、「勇」等道德條目，據說有著「三千位弟子」，但是他自己本身卻並沒有獲得官職。

僅有一次，他在自己的祖國（魯國）擔任過短期的司法大臣。此後，儘管行腳全國，謀求仕官之路，但屢屢遭到拒絕而四處流浪。

然而，孔子的弟子們卻透過他的推薦，成為各部門的官員，甚至是大臣等。因此，孔子或許有著憑藉弟子的成就，從而成名的一面。

原本孔子只不過是諸子百家中的一個思想家而已，之後經過一、二千年的時間，他的思想的偉大程度以及影響力，才隨著時代的變遷逐漸增大。

當時，有著許多比孔子更偉大的人，譬如國王、大臣等等。然而，人們對於孔子的評價，在歷史當中出現了變化。

為了完成使命，耶穌帶著必死的覺悟進入了耶路撒冷

有一個極端的例子，那即是基督耶穌的經歷。耶穌的死，從世俗的

理論來看，是難以解釋的。

他在前往耶路撒冷之前，曾對弟子們講道：「我現在要進入耶路撒冷的城中，但終將我會被釘在十字架上。不過，三天之後我將會復活。」然而，他的弟子們並沒能理解耶穌這番話的意思，反而感到「雖然這樣說很不好，但耶穌或許是發瘋了」。

如果說「一旦前往耶路撒冷，就會被釘上十字架」的話，那麼不去那裡不就好了，這才是合理的判斷。

這很接近於久阪玄瑞對吉田松陰制止「請務必住手！」

做為合理的判斷，只要不進入耶路撒冷即可。如果會被釘上十字架的話，那麼選擇逃走就行了。

然而，耶穌堅持認為「做為使命不可不進城」，而進入了耶路撒冷。

當然，因為他曾講過「即便是破壞了這個神殿，也能在三天之內重建完成」等各種的豪言壯語，所以也有人期待著「將會發生何種奇蹟」。

然而，耶穌不一會兒就遭到逮捕、鞭打，並被迫戴上荊棘之冠，被帶到各各他山上。他被迫背負著十字架，由於不堪重負而倒下，後來在他人的幫助下登上了山丘。然後，直接被釘在十字架上死去了。

因此，眾多人們都感到非常失望。由於人們不滿「怎麼回事？根本沒有發生奇蹟！天使沒有前來救助他」，當時教團曾一度陷入了破滅的狀態。

不過，對於「耶穌死前最後所講的話語『以利，以利，拉馬撒巴各大尼』（我的神！我的神！為什麼離棄我？）這到底有著什麼意思？」的問題，存有著爭議。

在幸福科學初期的靈言集中，耶穌曾講道「當時我是呼喊著天使的名字『以利亞！以利亞！拉斐爾！拉斐爾！』」。

可是，有一位福音書的作者，卻將此譯成「我的神！我的神！為什麼離棄我？」大概是因為這種譯法，在當時對於世間之人而言，也是常識性的想法吧。

做為神的獨生子而活於世間之人，如今被釘在十字架上，所以在人們的常識中，感覺到就算耶穌本人說出「我的神！我的神！為什麼離棄我？」也並不奇怪，在耶穌弟子當中，亦有著這般有如週刊雜誌的常識。

統一教的文鮮明鑽了耶穌教義的空隙

鑽了這個空隙的，即是統一教的教祖文鮮明。

他以那本福音書為依據，指出了「神的獨生子做為救世主而降生，是絕不可能在臨死前，說出『我的神！我的神！為什麼離棄我？』這種話的。因此，這個基督是偽基督，是虛假的，而我才是真實的。文鮮明才是做為真正的基督，為了拯救世界而降生到世間的」。

文鮮明明確地指出《聖經》的理論矛盾之處，並自稱自己才是「基督的轉世」，創立了統一教。換言之，《聖經》當中有著常識性判斷的部分，而他正好鑽了這個空隙，推翻了耶穌的教義，進而創立了新的宗教團體。而現在該教團現在已成為羅馬教廷的敵人。

人們就是會以週刊雜誌的常識，來挑戰這類的空隙。

並且，越是宗教性的人，就越是容易被矇騙。他們會認為「對啊！耶穌會說出這種話，實在是太奇怪了！所以《聖經》是錯誤的，這個耶穌不是真正的救世主。猶太教並沒有滅亡，一直存留至今，猶太教徒並沒有信仰基督教。原來如此！看來這個新人（即文鮮明）才是真正的救世主」。

就像這樣，越是具宗教性的好人，就越容易被矇騙。

由於那樣的理論也是成立的，所以對於《聖經》等的解釋，確實存在著困難。

6 如何成為有德之人

「個人的逸事」、「人格的素顏樣貌」表現出「德」

不管如何，在世間要成為有德之人，還需要些什麼呢？

除了宗教家之外，當然還有著有德之人。政治指導者或革命家等，都有著「德」。

在革命家當中，有人真的是看似惡魔，亦有人是抱持著神聖使命活動著。這兩者都會和外界對抗，所以此人是否有德，沒有那麼容易從世間的判斷中看得出來。

然而，很意外地，從此人的「逸事」或「人格的素顏樣貌」或者是和他人之間的交流當中，可以一窺一二。所以對此必須得重視才行。

回到方才提到的山折先生所寫的論文，他曾提及為明治天皇殉死的乃木將軍。他寫道「乃木先生自始至終皆陪伴於天皇遺體旁，直至宗教儀式結束。當葬禮全部結束後，他才殉死」。

就像我在《守護靈專訪——向皇太子殿下詢問接任下一任天皇的自覺》一書中的預測，山折先生做為宗教學者，向成為下一任天皇之人進諫，也就是說他抱持著向當今天皇殉死，離開世間的意念。清楚地說，我認為他有著自殺的念頭。

當然，人們會做出各種各樣的行為，但那是否是有德的行動，如此判斷需要歷史的驗證，並且那也和此人的本心置於何處，有著很大的關係。

做為指導者，是否有著「控制自己的能力」

在此我想要指出，「德」一般容易表現在世間當中，同時抱持著兩個不同向量的人的身上。

譬如，西鄉隆盛（一八二七～一八七七）推翻了幕府，並成立了明治政府，是名副其實的陸軍大將的巨頭。但是，這種人卻毫不拘泥於金錢或地位，讓人們感到了「德」。

此外，坂本龍馬（一八三五～一八六七）做為薩長同盟的背後主角，假如沒有成立這個薩長同盟，明治時代就絕對不會到來，而我們現在所享受的和平時代，想必也是不存在的。坂本龍馬四處奔走促成了薩長同盟，這實際上也是近代日本得以形成的理由之一。龍馬一直努力到大政奉還的階段，但此時在龍馬草擬的「新政府的人事計畫」中卻沒有出現龍馬自己的名字。據說當被其他的人們問及「為何沒有你的名字」時，龍馬回答道「在工作結束後，我想要搭船去海外，進行貿易工作」。

如此不貪圖權力的人格，即是龍馬為後世人們所敬愛的原因之一。在「一般而言，人們都會追求這般的東西」的時候，卻能夠展現出不同姿態的人格，在這統合了這種矛盾的人格當中，就會產生「德」。從西鄉隆盛和阪本龍馬身上，即可看到這一點。

擁有權力、地位、金錢，可以隨意殺人、為所欲為，此時，此人要如何統御自己並採取行動，攸關能否出現「德」。

指導者是否有著力量，也是同樣的道理。指導者隨時被外界檢視著，是否有著統御自己的力量。

北韓的金正恩，如今也正在接受這個方面的檢驗。這個三十歲的年輕人，是否有著成為二千萬人的最高領導者、指揮軍隊的「德」？對此，觀察他的所作所為，即能漸漸知道答案。

成為堅信「天命」並努力開拓前方道路之人

這其實是很難做到的事情，理所應當地做出違反人的本能或動物性的行為，並且毫不拘泥於其結果，或者說不計利害得失，貫徹公平無私的人，這些人的身上就會產生「德」。

此外，感受到自己的天命，並相信自己的活動泉源、行動力的泉源，僅存在於「精進」之中的人，也會產生「德」。

如果認為憑著世間的招牌、地位、金錢就會產生德的話，那就錯了。必須要從零開始，透過精進的力量，將自己打造為自助努力之人，對於抱持如此精進之力，堅信天命並努力開拓前方道路之人，眾人必定會予以追隨。

這些方面就是產生「德」的原因。

切勿急躁，靜靜地、逐步地發揮自己

在本章的開頭，我曾提到「百分之百進入宗教當中的人，在其他地方得不到認同時，應該怎麼辦？」的問題，這就好比是在拳擊當中，不僅要學習攻擊，還要學習如何防衛。

究竟要怎麼做，才能減少自己受到的傷害，並將拳擊出？為此，就必須要學習攻擊和防衛。

那或許是因為對於現實社會的研究還不夠充分，所以必須要對現實社會進行研究，並慢慢適應那般環境，逐步地發揮自己。

靜靜地發揮自己、逐步地發揮自己，也是一種「德」。切不可過於急躁！對此各位亦不可不知。

希望本章能成為各位讀者的參考。

第4章

不敗之人

——超越世間勝負的人生態度

1 真理為何難以獲得理解

世間之人的多數意見未必皆是正確的

本章的題目有些古怪，我將以「不敗之人」為題進行講述。

若是長年進行宗教的工作，就會經常感到「自己和世間的價值觀，以及對事物的看法等，有著很大的差別」。

我本身大多是以「和自己同類」的前人，也就是其他的宗教家和哲學家等人們的歷史做為參考，進行學習的。他們每一個人都留名至現代，但是為何在那個時代下，卻沒有獲得理解？為何他們還未得到認同便死去了呢？對此，我時常感到不可思議。

在政治方面，現代是民主主義猶如萬能一般通用的時代，對此，我不想否定。其中，也有人提出「民主主義是最終的政治形態，從此之後，沒有其他的選項」。

然而，如果從真理的探究者，或者說從天上界降下「神的啟示」之人的立場上，來觀看歷史和時代的話，世間之人的多數意見或整體的意見，未必都是正確的。

真理不被理解的「兩種情況」

真理不被理解，往往有兩種情況。

一種是和世間當中所流行的思想正好相反的情況。因為實際的多數意見，從哲學或宗教的真理來看正好相反，所以如此真理無法被社會所接受。

也就是說，從世間的「常識」、這個時代的「常識」來看，如此真理無法被接受。

另一種情況是，從時間軸來看，如此預言者所講述的話語，太過於領先該時代，無法被當代人理解，甚至會被誤解。

後者的情況，不僅侷限於宗教家，理科的物理學者或天文學者等，也會遭逢相同的問題。

譬如，對於提出「並非是太陽繞著地球轉，而是地球繞著太陽轉」的科學家，無法理解如此理論的人們，曾經以死刑相威脅，試圖要歪曲這個事實。

又譬如，對於為了證明「地球是圓的」而出海航行的人，當時也沒有輕易地被認同。

從現在看來，這是誰都知道的理所當然的常識。然而，當時大多數的人們所抱持的世界觀是「不論怎麼看，地面都是水平的，雖然沒有人去過世界的盡頭，但到了世界的盡頭，海水會像尼加拉瓜大瀑布般往下落，此後如何就不得而知了」。

因此，為了證明「地球是圓的」，還有人嘗試著從反方向（往西走）的路線前往印度。

現代物理學存在著「顛覆人們『常識』的理論」

另一方面，從現代的物理學來看，在量子力學當中，亦有著相當一部分和佛法真理重疊的內容，也就是有著「顛覆人們『常識』的理論」。

譬如，「光是粒子，同時也是波動」等內容，基本上這等於什麼都沒說。「它是存在的物體，但亦是波動」，這看似有著定義，但實際上等於沒定義。

這就好比是說「海洋既是波浪起伏的存在，亦是猶如冰山一般的固體存在」。

然而，現今那般說法是被認同的，因為若非那般思考，有些地方是無法說明的。倘若認識能力未能達到那般程度，人是很難理解其邏輯的。

實際上，現今我們也運用著為數眾多難以說明的事物。

譬如，在明治時代剛鋪設電線的時候，當時的人們以為只要將包袱裹好的行李，直接綁在電線上，即可傳送到遠方之人。這從現在看來或許是一個笑話，但其中有著不可嘲笑之處。

從明治時代的人看來，對於「為何能將話語傳給自己的家人和遠方的親戚」感到非常不可思議。因此，他們以為「既然能夠傳送話語，那也應該能夠傳送物體」，因而將行李綁在了電線上，這或許是因為他們誤以為電線就是纜車之類的東西。

就像這樣，關於真理，也可以大致分為兩種，即「從一般性的常識來看無法理解的真理」和「對過於領先的內容無法理解的真理」。

2 近代建立了名為「理性」的信仰

寧死不屈的「蘇格拉底的美學」

活於真理之人，切不可期待在世間當中，於同時期或同時代或任何時候，都能夠獲得贊同，對此各位亦不可不知。越是真正的真理，有很多越是難以輕易地獲得理解。

從現在來看也是，對於「過去蘇格拉底（西元前四六九年～西元前三九九年）直至飲毒之前，都始終堅守自己的節操」的理由，迄今仍有著無法理解的一面。人們還是不禁感到「他為何要那般地頑固」。

蘇格拉底曾藉由議論，揭露了其他的知識份子們所犯下的錯誤。那些人因為遭到了羞辱，所以有人計畫「要使用陰謀將人們燒死，然後嫁禍給蘇格拉底」。

當時蘇格拉底若是願意屈服的話，是可以免除死刑的。據說他在七十歲時，還有著年輕的妻子和年幼的孩子，但即便如此，他還是堅持己見。並且，他也沒有接受弟子的意見選擇逃跑，毅然地飲下毒芹汁而死。

從蘇格拉底的美學來看，可以說一旦為了惜命而屈服的話，那麼自己所講述的思想就白費了。

無視「不能理解之事」是非科學、非做學問的態度

蘇格拉底當時所述說的真理，或許現代的哲學幾乎是不予理會，人們也無視那真理，僅是漫然地閱讀其作品。雖說他是相當於哲學的祖師或者說開山鼻祖，但人們大多以「那是二千五百年前的人所講的話語」為由，並沒有真正地接受這個觀點。

他既講述了輪迴轉世，也講述了靈魂的存在、守護靈的存在，而且一位名為戴蒙（Daemon）的守護靈會時常對他耳語。據說這位名為戴蒙的守護靈，屬於會明確地指出「切不可做某事」，卻從不要求「應做某事」的類型。總之，他時常會和這樣的存在進行對話。

就體質而言，他本身或許並不能像我一樣，和多樣的靈人進行對

話。但是，對於自己所思考的問題，他至少可以立刻從靈人那裡獲得答案，基本這是不會錯的。

然而，大概從亞里斯多德（西元前三八四年～西元前三二二年）的時代開始，便無法理解靈性方面的事物了。柏拉圖（西元前四二七年～西元前三四七年）屬於靈性體質，但亞里斯多德卻不是靈性體質，所以從那時開始，人們就變得難以理解靈性的事物，而後世的人們更是變成只接受自己所能理解範圍內的事物，除此之外的部分就採取無視的態度。

對於這類的事物，有著非常多種的理解方式，但那絕非是科學的態度，亦非是做學問的態度。人總是巧妙地迴避這些靈性事物，常常認為「自己無法理解的事物，不是迷信就是誤會」。

明確抱持著「信仰心」的笛卡兒和康德

笛卡兒（一五九六年～一六五〇年）也是如此。笛卡兒在《方法論》當中講述了「靈肉的二元論」。看完此書即可發現他明確地講述了信仰心，對於靈魂的存在和靈界的存在，也進行了明確地論述。此外，他還明確地講到了自己屬於做靈夢的體質。

然而，這些部分現在全部被忽略不談了。也就是說，對於眾多的學者和研究者而言，「將世間和靈界進行區分，僅將世間性事物做為研究對象」的思考方式會比較方便，所以便朝向這個方向發展了。

康德（一七二四年～一八〇四年）亦流於這種潮勢。康德本身對於「靈界」有著相當濃厚的興趣，尤其是對於史威登堡（一六八八～一七七二年）的超能力有著強烈的關心，而且收集了各種各樣的資訊。

譬如，史威登堡曾對於相隔數百公里的火災等各種事物，進行了遠地透視，其幽體亦曾脫離肉體來往於靈界和世間。由於靈魂出竅之時，有三天左右會處於「死亡狀態」，所以他亦交待助手「不要進入房間」，進而前往靈界進行探究之後再回到世間。

據說康德對於這樣的人非常感興趣。只不過興趣歸興趣，由於靈性的事物並非是研究對象，所以他僅從學問的角度關注自己所應研究的對象。如此一來，他講述的哲學變得十分抽象、難懂。

康德的哲學非常抽象，並非是世間的具體事物。雖然他完成了那般「抽象的世界」，但正因存在著如此「抽象的世界」，人們對於「靈界世界」便感到更難以理解了。

並且，康德本身在某種意義上承認了「自己的哲學將神處死在斷頭臺」。

不過，康德還是抱持著信仰心，對於靈能者的活躍亦是非常地感興趣，但他卻不將此視為做學問的對象，在某種意義上可以說他非常禁欲地進行著研究。

藉由「理性信仰」的文明實驗成功了嗎？

這個康德哲學，也一直得到了其他的哲學者和思想家的引用，甚至還影響到了法國革命等等。但歸根結底，正因為康德哲學實際上是將神處死在斷頭臺，所以信仰「人的理性」的力量就變得非常強大，人們建立了「理性信仰」。

也就是說，由於無法和神進行對話，所以人們開始信仰人的理性。然而，這個理性也僅屬於個人的層面，至於那是否是正確的則無從得知。因此，便形成了「眾多的人們在白天時絕不飲酒，而是認真地進行討論，以便得出令人信服的結論。然後基於這個協議，使社會得以運轉」。於是，便出現了這般的理性社會。

對此附帶著進行觀察，會發現歷代的國王等，抱持著「君權神授說」的思想。意即「神在統治地上世界之際，由於沒有直接地持有肉體，所以便將這個統治權交託給君王，並將神的代理人遣送到歷代皇室，使其治理世間」。

因此，做為皇朝，或遺留下來的皇室，在其起點上，幾乎都有著神話般的傳說，以及「神的後代」的思想。

日本神道也有著同樣的思想。迄今日本流傳著「天照大神的子孫，即是現在的皇室」的想法，這也就是君權神授說的思想。

法國革命完全地否定了這種觀點。

然而，這樣一來社會無法安定下來，因而爆發了叛亂，繼而誕生新的皇帝，或是出現了共和制。等到新皇帝再次產生時，又將反覆地發生各種各樣的事情。

因此，可以說到了近代以後，人們雖然可以窺見真理，但卻仍無法相信真理，進行了為數眾多的文明實驗。

當然，在這種的情形下也有著好的方面。

譬如，過去的神、佛，或上天的意見等，均有著時代性。但隨著時代的變遷，符合該時代的話語未必一定會降臨下來，這有時會導致時代的停滯，成為阻礙發展的原因。

一旦過去之人的權威確立之後，新的事物便將難以得到認同。於是，便出現了「比起依賴於過去的思想，反倒是盡可能地互相交流，創造出得以讓人們過幸福生活的體制，這樣的社會不是更好嗎？」的想法。

從這個意義上講，在「啟蒙時代」，或者說近代啟蒙哲學和民主制的潮流當中，雖然出現了和信仰相互調和的一面，但也出現了象徵性的天皇制，即「將神本身做為象徵性的存在進行祭祀，具體的世俗事物，則全部返回到人所主宰」的動向。

如果要扳回這個負面因素的話，就只能努力提升世間之人的教育水準和信仰水準。除非提高教育及信仰的質量，除此之外別無他法。

3 釋迦的出家和祖國的滅亡

屈膝於「戰後民主主義」的佛教學者

方才我講述了蘇格拉底的例子，佛陀其實也是同樣的情況。他曾是釋迦族的王子，而且是國王的獨生子。為了貶低他的這種身分，有一位名為中村元的佛教學者，迎合戰後民主主義的趨勢，指出「釋迦國的國王，實際並非是王國的國王，而相當於自治團體的議長」。

這可謂是佛教學者屈膝於戰後民主主義的典型例子。在古代，怎麼可能有著相當於民主主義的議長之人，來治理國家呢！這或許是因為他覺得稱之為「國王」是羞恥之事，所以才這樣說的吧。

此外，中村元先生還不斷地提及「做為人的釋迦」，借此來強調釋迦做為人的一面。這是因為近代有著「對於學問研究而言，相信神話般的傳說是一件羞恥之事」的潮流。

假如釋迦的時代有著「週刊雜誌」

如果將釋迦的出家、成道、傳道的歷史，套用於現今世俗常識中思考的話，我可以列舉出無數個類似於「假如釋迦的時代有著週刊雜誌的話，勢必會遭到批判」的論點。如果是「週刊新潮」或「週刊文春」的編輯，要編寫評論來批判釋迦是一件很簡單的事情。

「他從小備受父母和旁人的期待，得到良好的家教，並勤勉於武術，進而長大成人。然而，他卻撇棄做為繼承者的責任，自己出城逃走了。

他的父母為了避免他選擇出家，因而聚集天下的美女供他取樂，並為他打造了三季（夏季、雨季和冬季）的宮殿，可謂是費盡心思。並且，盡是給他穿戴舒服的絲綢衣服，讓他在優渥的環境中成長。即便如此，他還是拋棄了這一切，在天亮之前逃離了宮城，選擇了出家。

這真的是毫無責任感的人。父母這般地用心良苦，他竟然選擇離家出走！其結果是，說好聽一點，對他自己而言或許是很快活，但是請看看，被他離棄的家人最後變怎麼樣了？」

最終釋迦族走向了滅亡，並非是在釋迦死後的久遠未來，而是釋迦在世期間的事情。

此外，「釋迦」這個名字是部族的名字，也做為國名的代名詞。好比說，我出生於德島，所以名字會被稱為「德島隆法」。

釋迦國留下了佛教教團，但迎來了悲慘的結局

釋迦晚年，釋迦族被一個更為強大的國家，即拘薩羅國（Kosala）給消滅了。當時，在印度的十六個國家當中，摩揭陀國（Magadha）和

拘薩羅國，這兩個大國一直持續著最強國之爭。但出家後的釋迦，在拘薩羅國有著祇園精舍的據點，亦在摩揭陀國有著竹林精舍的據點，他在兩大強國分別持有據點。

這代表著釋迦在政治上是中立的，或者說他已超越了政治的觀點。摩揭陀國和拘薩羅國之間，雖然締結了聯姻關係，但還是時常爆發戰爭。

釋迦國處於拘薩羅國的附屬國地位，所以儘管成立了佛教教團，在釋迦晚年，釋迦國自身還是走向了滅亡。

在此以前，釋迦曾讓一部分的親屬和青年等五百人左右出家，但無法讓所有人出家，所以當國家滅亡之時，落得非常悲慘的下場。

釋迦的教義，也進入了他自己的家鄉。那很接近於不殺生的思想，讓釋迦國只有防衛並沒有進行抵抗，最後幾乎所有人都遭到殺害，進而國家走向滅亡。這方面，有點類似現在的日本。

因此，當我看到在尼泊爾的幸福科學的信徒當中，迄今仍有一個名字叫做沙卡（Shaka）的人時，我感到非常不可思議，「他的祖先能夠存活下來，真的是太厲害！當時到底是逃到哪裡了呢？」當時釋迦族的人們，幾乎已經滅絕了，或許唯有這一族人逃過一劫，之後潛伏於某個地方。就像這樣，現在仍有著稱為沙卡的人。

釋迦在晚年，也遭遇了那般家鄉淪陷的經驗，並於涅槃之前，以這個淪陷的家鄉為目的地，踏上了最後的旅程。

總而言之，世間有著無情的一面。

不管怎麼說，釋迦放棄了做為王家的繼承者來保護國家的使命，並離棄了妻子和孩子，拋棄了全部而選擇追求自己的道路。

後來他成立了釋迦教團，所以可以說「做為個人而言，他取得了一定程度的成果」。但是，在當時而言，釋迦教團只不過是印度的一個有力教團，並沒有普及到全印度。據說他只是以恆河中游的中印度為中心來傳佈教義的，當時在印度還有著其他強而有力的宗教家。

因此，若是問及「是否有著對於釋迦進行攻擊的空隙」，那實在是太多了。只是佛教的信眾們，對於這一點始終緘口不語。

理論合理的佛教中也存在著「神話般的傳說」

此外，關於釋迦誕生之時的情景，也有著眾多如神話般的傳說，譬如「他朝向四方步行七步當中蓮花綻放」、「之後他說道『天上天下唯我獨尊』」等等。出生之後就能夠立刻行走，這可是非常困難的事情。對此保持緘口，即是佛教徒的高妙之處，或者說聰明之處。被稱為是「理論合理的宗教」，但對於神話般的部分，佛教徒則是緘口不語。

另外，據說「當釋迦誕生之時，來自兜率天的白象進入了母親的胎內」，而我亦曾親眼目睹過在現實當中，有著不同姿態的存在宿於體內的樣子。

直至現今，仍發生著許多如此不可思議的事情。

耶穌和釋迦拯救祖國了嗎？

耶穌也是一樣，自從耶穌被處刑之後的四十年左右，他的國家就滅亡了，因此，也有人指出「耶穌明明是救世主，卻未能拯救猶太國啊！他是做為救世主而轉生，但他的國家卻走向了滅亡」。

並且，在此之後的一千九百年期間，猶太民族成為流浪人，四散於世界各地。在一九〇〇年代，好不容易才建立了國家，但這又變成了阿拉伯世界之間交戰的火種。

因此，難免會有人認為「耶穌不是稱職的救世主」。

同樣的道理，雖然說釋迦也是救世主，但隨著釋迦國的滅亡，也有人批判「難道連自己的國家都無法拯救嗎？」

當時，拘薩羅國的毘瑠璃王（Vidudabha）前來消滅釋迦國的時候，釋迦現身並坐在枯樹下。後人對此情景感到不可思議，的確毘瑠璃王見此景後，想起「釋迦是釋迦國的王子啊！」進而撤回軍隊，如此情形總共出現了三次。但即便如此，之後毘瑠璃王仍準備繼續進攻。據說釋迦見狀，認為「這或許是過去世的業」，於是便放棄了。

佛教的「和平思想」亦有著引來虐殺的一面

日文當中有一句諺語，「佛面只管用三次」，世間畢竟有著世間的規則，毘瑠璃王的進攻也是有其理由的。

實際上，當毘瑠璃王還是王子的時候，曾經從拘薩羅國來到釋迦國留學，結果卻備受淩辱。之所以會這樣，是因為他那時才知道「出生於釋迦國的母親，原來是冒充身分嫁來拘薩羅國的」。

當年，拘薩羅國要求釋迦國「交出王家之女做為新娘」時，釋迦國不甘心如實照做，所以就找到和王家有著關係，但身分相當於奴隸階級的傭人的女兒，冒充王家的女兒嫁入了拘薩羅國。對於這個事實，他是在留學釋迦國後才知曉的。

印度是種姓制度非常嚴格的國家，所以「由誰生下來的」是一件非常重大的事情。身為王子的毘瑠璃王，遭到釋迦國的人們百般恥笑、備受淩辱後，非常憤怒地回到祖國，決心「等自己成為國王後，一定要報仇」。

因此，毘瑠璃王終於前來復仇了。釋迦曾三次加以阻止，但最後發現「這是釋迦國人們的不道德所遭致的結果」，所以就沒有繼續阻止了。

關於釋迦國遭到滅亡的場面中，也描寫了非常悲慘的光景。

譬如，釋迦國當時的國王，應該是釋迦的堂兄弟。他向毘瑠璃王央求道：「請再給女孩子們一些逃走的時間吧！我潛到池子裡摒住呼吸的這段時間，請讓她們逃吧！」

於是，毘瑠璃王應允道「好，我就給她們這些時間」。可是，他潛入水中之後，卻始終沒有浮出水面。毘瑠璃王感到很奇怪，便命人下水查看，原來他故意將頭髮綁在水草根上，讓自己無法浮起來，所以就死在了水底下。這種悲慘的故事也流傳了下來。有人竟然為了給女孩子們爭取逃跑的時間，而丟了自己的性命。

釋迦國迎來了這般悲慘的結局。佛教的和平思想，若是轉化為邪惡的一面，即會引來讓對方的任意虐殺。關於這一點，各位亦必須多加留意。

4　世間常發生不合理之事的理由

抹殺幸福科學的「維持現狀的勢力」

就像這樣，各種各樣的真理，以各種各樣的方式被講述，但各個真理都有著空隙。

然而，要將無隙可乘的完美真理降於世間，是一件非常困難的事，實際上應該說「真理和世間的常識有太多不一致的情形」。

我從大悟以來，也持續工作了三十多年，而教團也活動了超過一定年數。

只不過，我的想法尚未擴散到許多地方。

現今，幸福科學既對於日本的現狀及其發展方向表述意見，也超越日本的現狀和發展方向，對於其他國家表達許多意見。

譬如，對於有可能成為日本的假想敵國家，我們發表了意見，對於和日本有著同盟關係的國家，我們也陳述了意見。此外，對於其他的宗教所支配的國家，也有指出該宗教的問題點。

對於這些問題，從幸福科學現在的實力來看，還有力有未逮之處，但我認為現在不講出來的話就來不及了，進而發表了言論。然而，教團的規模仍未趕上那言論。

世間的那些不承認幸福科學的勢力，還是期盼著維持現狀。他們或許並沒有惡意，只是認為「至今都這樣走過來了，往後不想要改變想法」，如此意念今後還會發揮很大的力量吧！

因此，當有人提出完全不同的想法時，就算跟人們說「大家要跟隨這個想法」，但那一股「我們才不會立刻跟隨呢！」的力量，想必會發揮作用。

而那股作用的表現形式，即是「無視」、「漠視」。

直至「評價」確定，需要一定的時間

觀看日本也是如此，頒發勳章時，通常都是「此人人生終了以後」，或是「評價已基本定型，不會再往上提升，之後不會出現其他貢獻」的時候。或者是蓋棺論定之後，才終於獲得評價。

另一方面，在生前獲得非常高的評價，但死後卻得到最壞的評價，實際上也很多這種情形。

因此，「無法看到未來會發生什麼」，的確是件很麻煩的事。

譬如，在二戰當中，因為「日本對於亞洲鄰國施盡了殘虐暴行」，進而日本遭受到了非難，並且基於對於那些行為的反省，開始進行戰後的重建。然而，如果對於那些「遭到日本侵略」的國家，當時是「完全正確」的話，那麼今後就會發生「即便那些國家犯了錯誤，也無法予以糾正」的情形。

此外，當毛澤東於一九七六年過世的時候，當時的報紙上大大地寫著「巨星隕落」的大標題，並刊登了為數眾多的稱讚毛澤東偉大之處的報導。

就像這樣，就算是在世之時，被譽為非常偉大如英雄般的指導者，死後經過一定的年數之後，有時會出現各種各樣的問題。

譬如，金日成和史達林等人，在活著的時候，的確是擁有著強大的力量，但死後的評價卻大幅降低。

再譬如，希特勒也是藉由投票制的民主主義，從投票箱中誕生的英雄人物。當年獲得了約百分之九十的選票支持，登上了歷史舞臺。但活著的時候，他便一直被人們稱為暴君。

人總是容易被眼前的麵包或好處所支配，並有著「大樹底下好乘涼」的心理，一旦受到強大的權利或軍事力量施壓時，通常都會予以服從。殊不知有可能在不知不覺當中，如同於在瓦斯房被誅殺的猶太人一般的命運在等待著自己。

翁山蘇姬女士所看到的「世間的不合理」

在世間當中，不合理之事到處可見，並且今後也還會持續下去。像蘇聯這樣的國家也持續了七十多年。中國現今仍繼續存在，其最後的結果會變成怎樣，我想在有生之前應該能夠看到。神有時也會持續寬恕幾十年。

此外，緬甸也是如此。英國等國家至今仍將緬甸稱為 Burma。在緬甸，翁山蘇姬所率領的政黨在選舉中大勝（一九九〇年），實際上她本來應該成為政治的領導，但是她卻遭到了軍事政府二十年的軟禁。

由於她的英國籍丈夫拼命地四處進行遊說，進而讓她獲得了諾貝爾和平獎。原以為這般地吸引全世界的關注後，就能夠幫助到她，但結果也未能將她解救出來。

當時若是她離開緬甸，就無法再次入境，所以她始終和丈夫、孩子分隔兩地，從未離開過祖國，遭到二十年的軟禁。

在國際社會的關注下，當時緬甸政府竟大剌剌地做出那般舉動。

雖然說緬甸的民主化發展地很快，但是到目前為止，緬甸實際上還是軍事政府。有一部分的軍人化為民間百姓的樣子，讓人們以為是由民間人士執政，此外雖然對外的態度多少有些軟化，亦接受來自外國的援助，但實際上還是軍人執政。

此外，為了讓翁山蘇姬無法成為總統，他們還對緬甸憲法進行了修改。日本要修改憲法，是非常困難的事情，但緬甸卻輕易地修正了憲法，規定「凡是配偶曾是外國籍者，不可成為總統」。

這根本就是刻意地修改。如果說「現在的配偶是外國籍」的話，那倒是還可以理解，因為在這種情況下，有可能會被遭到外國的支配。然而，翁山蘇姬的丈夫已經過世了，所以如此修改真的是引人非議。

在緬甸的修憲中，加入了以下的兩項條款：「曾和外國人結婚者，不可成為總統」、「無軍事知識者，不可成為總統」。也就是說，若非軍人出身，或有過隸屬於軍部的經驗，此人就無法成為總統。

因為這兩項條款，事實上，翁山蘇姬就不可能成為總統了。「在憲法中加入不讓某個特定之人成為總統的條款」，這在某種意義上是一件很「了不起」的事情。我真的很想請他們來日本幫忙修改憲法。總之，還有國家能夠做到這一點。

不過，緬甸現在仍然持續著民主化運動。或許終有一天，如此憲法也會被人破除！

就像這樣，這種不合理的事情持續了二十年之久，世間還有著很多類似的事情。

「活惡魔」的波布時代

此外，還有著如同過去柬埔寨的波布（Pol Pot）政權一般，屠殺了二百萬的同胞，只留下骸骨的事件。這是大量屠殺同胞，並將骷髏掛在木架上，形成「遺骸山」的大型屠殺事件。

遭到殺害的幾乎都是知識份子。從大學畢業的人們，全都遭到殺害。凡是去過外國留學的，或是在海外居住過的歸國者，也統統被殺害了。

這些人被殺害的原因，就在於他們抱持著不同的價值觀。敢於批判「為政者的行為是錯誤的」，通常是有學識的知識份子。只有瞭解「外國是何種執政方式」的人們，才會批判為政者，這是波布無法忍受的，所以他乾脆將知識份子和歸國人士全都殺害。

若是對照於幸福科學，我想從國際本部的職員開始，勢必全都會遭到殺害。因為若是引用國外的例子，我們可以做出無數的批判。

就像這樣，「哪怕殺掉二百萬的國民，也絕不允許有人批判政治」的這種事情，在現實當中都會發生，過去的確出現過那般「活惡魔」的時代。

在歷史當中得到驗證的「正確」，將成為人類的智慧

世間是某種實驗之地，亦是各種學習的場所。從這個意義上來說，在一定的期間，有時候會出現殘酷、不合理的事情。

然而，一旦時代過去以後，人們就會開始反省。等到「何為正確之事」得到驗證後，就將成為人類的智慧。

因此，在當時有很多事是難以理解的。

譬如，在中國的三國志時代，當時的人們由於「三國處於混戰中，不知哪個國家才是正確的」，所以也只是一心考慮到「從結果上看，在

競爭中取勝的地方進行統一即可」。

縱觀歷史，有很多事情很難說是「自始自終都有著合理的邏輯」。

換言之，「建設」和「破壞」總是同時進行的。

5 無法獲得認同時要忍耐

初期教團當中的，人材的浮沉轉變

幸福科學也開展了各項事業，並推動著各種各樣的工作，但是我感覺到很多事情還是難以獲得人們的認同，或是無法按照預想的方向發展。我有時也在想「我們明明是這般地努力工作，為何要妨害我們？阻礙我們呢？」，或是對於幸福科學以外的團體等，也會不禁思索「你們為何要拼命地去找麻煩呢？」

這或許是因為「惡性價值觀」大多比較接近於世間，其想法也出乎意料地相似，所以很容易能得到人們理解，並且比較感到親近。

因此，活於真理之人，在無法立刻獲得認同時，必須要學會忍耐，這可說是必備的心態。

我有時回顧過去，發現到過去自己也經常感到「沒有達到預想的效果啊！」、「自己明明是在做著好事，為何卻得不到認同呢？」

然而，當我回想起很久以前，追溯到開始幸福科學之前的狀況時，在與靈界進行通訊之前，當然信徒人數為零，我本身也處於不知曉真理的狀態。此後，自己產生了靈性現象，最初連家人也用懷疑的眼光看我，無法置信，但是，後來首先是從家人開始相信的。

之後，隨著書籍的出版，熱心的讀者逐漸變成幫手，從那以後，經過了幾十年，期間也有著各種各樣的沉浮轉變。

在初期之時，一直是家人在幫我，但此後，就有其他的弟子加入，並給予各種各樣的幫助。然而，當組織正式成立後，人與人的關係也就變得難處理了。

此外，有些弟子也容易認為「自己是先進入教團的，所以比較偉大」，但一旦後來的弟子當中出現職位較高的人，這方面的關係就非常難辦了。教團未必是依先來後到的順序來提拔人才，這方面的拿捏非常困難，所以有時我對於初期的某些幹部感到惋惜。

其中，既有人是讓我感到「若是此人再晚些進來的話，或許就能待得更久一點」，另一方面也有很多人的情況是，有先見之明且很早進入教團，一下子就站在很高的職位，但隨著組織穩固下來之後，漸漸地就無法留在教團當中。

有人是習慣了早期教團當中，那種非常自由和靈活的氛圍，然而當組織的營運逐漸穩固之後，就漸漸地失去了自由，無法隨心所欲地行事。

因此，我的身邊也發生了許多各種各樣的沉浮轉變。

堅忍地「貫徹真理」的態度是很重要的

此外，教團之外的人們當中，既有著支援幸福科學的人，也有著持反對聲音的人，亦有著思想發生徹底轉變的人。

在那期間發生過各種各樣的戰役。

不過，於一九八〇年代興起的宗教，除了幸福科學以外，亦有著其他的宗教。當初看似是同樣的宗教，但經過一定的年數後，漸漸地，人們對於我們的評價也漸漸發生變化。

此外，那些真心認為「幸福科學是錯誤的」進而進行攻擊的人，其攻擊方式也逐漸地出現變化。幸福科學在社會上擁有著一定的勢力、力量，所以人們就開始認為，就像監視擁有權力的政治家一樣，宗教亦必須有所監視，進而開始各種觀察。就像這樣，我感覺到攻擊方式發生了變化。

但即便如此，從我們的角度來看，在「貫徹真理」的意義上來說，還遠遠沒有達到理想的狀態，所以絕對不可在此卻步。當抱持如此想法，不斷地向上追求時，人們就更會認為我們有著權力欲、名利欲，進而發動更猛烈的攻擊。「對此是否能夠跨越」的試煉，今後還會不斷地持續。

我們極力向世人宣傳「何謂正確」，並反覆地展開「真理之戰」。對於這「何謂正確」的問題，「涵括靈界的正確」和「僅限於世間的正確」之間有著極大的不同，所以在這方面，有著難以達成一致的一面。

然而在這過程當中，我感受到雖然僅是一小部分，但我們逐漸獲得世間的認同，並為世人所追隨。

不過，做為基本的立場而言，必須要忍耐的事情還會有很多。雖說不可僅限於這種程度，但也要知道任何事情都難以迅速獲得成功，或巨大發展。

正如演藝界和體育界一般，沒有人是一舉成為大明星而出名的。有時幸福科學以外的團體，會受到世間的矚目、關注和吹捧，各位或許會感到很不合理。

然而，當靜靜忍耐的過程中，那種被吹捧的評價，經過一段時間後也會突然往下走，對此我過去看過很多次。就算是其他事物被世人捧為流行，也不要受到誘惑，不須焦急地與之進行競爭，應該踏實地貫徹自己所思考、所相信的事情，如此態度是很重要的。

6 為真理賭上性命的「神的使者」

「改變歷史之人」常會不可思議地遭受嚴酷試煉

我並非是就算喚來悲慘的未來，也要急速地推展活動的激烈份子。然而，從人類歷史來看，試圖改變歷史之人，通常都會遭遇非常殘酷的試煉，所以對於將來的事情，有著難以預測的一面。

譬如，現今回想起吉田松陰（一八三〇年～一八五九年）的一生時，我還是會感覺到「為何非要處死那樣的人啊！」

如果說有著非處死不可的理由的話，那就是因為「他的感化力太強了」吧！也就是說，「因為他的感化力太強了，如果放任不管的話，他的信奉者和支援者很有可能會人數大增，所以必須得儘早從萌芽期消滅」，這實在是讓人感到不可思議。

此外，法國出現了一位名為聖女貞德（一四一二年～一四三一年）的人，那個時候也是難以搞清楚「何謂正義」的時代。

英國和法國的王族之間，雖然締結了親戚關係並有著來往，但當時正處於英國進攻法國的時代。

對於處於那個局勢當中的人們而言，他們也不明白「到底是法國變成英國的殖民地比較好，還是讓法國維持國家的獨立狀態比較好」。

那時，聖女貞德出現了。她明確地主張「『守衛法國』是神的意志」，並帶領法國軍隊作戰，將英軍趕出了法國。可是，最後貞德並不是被英國處決的，而是在法國天主教的聖職人員的異端審判中，被判為「異端者」，進而遭到火刑。那是非常不可思議的，我感覺跟耶穌的情況很相似。

耶穌也並非是被羅馬人下令處死的。雖然猶太那時還是羅馬的殖民地，但是要求對耶穌處於死刑的是猶太人。

支配著殖民地的羅馬人，和耶穌之間有著一定的距離，他們感覺到「若是將此人處刑的話，可能會有危險」，因而將判處權交給了猶太人民。

而猶太人民的判斷，是「即便是赦免強盜殺人犯，也要處決耶穌」。這種憎恨是非常可怕的。

當時，除了耶穌以外，還有著其他三個人要被處以死刑。但是，因為有著「在祭祀的時候可以寬恕一個人」的赦免慣例，所以猶太總督向人民詢問「耶穌和巴拉巴（Barabbas）之間，要寬恕哪一個」的時候，猶太的民眾回答道：「寬恕巴拉巴」。儘管有一說巴拉巴當時曾進行政治運動，但一般就將其視為強盜殺人犯。

由於猶太人民要求「寬恕巴拉巴，處死耶穌」，所以最後耶穌遭到了處死。換言之，耶穌也是被「親近之人」所殺害，這真的是讓人感到不可思議。

即便是遭遇不幸的結局，也能夠將「光明」流傳至後世

聖女貞德的活躍時期，是她十七歲到十九歲之間。

她是出生於農村的孩子，從來沒做過學問，所以也不會讀書寫字。當被人「只要在這份文件上簽名，妳就能夠免遭死刑了」，她便寫上了類似於署名的符號。但實際上，那份文件的內容是承認「自己講過的『聽見神的聲音』，其實是謊言」。

貞德因為不識字而被欺騙，進而遭到了火刑。

神所遣派的使者，在世間未能受到正當的待遇，反而遭遇悲慘的境地，這真的是很不可思議的事情。

聖女貞德死後，經過了五百年，才終於被列入天主教當中的聖人。

換言之，天主教教會因為自尊的問題，在五百年期間都堅持不願承認自己的錯誤。一般人都可以更早地承認自己的錯誤，但教會堅持了五百年不認錯。

吉田松陰也有著同樣的境遇。

不過，抱持著如此使命而轉生的人，即便在世間遭逢了不幸的結局，但在後世，仍舊留下了強而有力的光芒於人們心中。

在法國人當中，有名的大概就只有聖女貞德和拿破崙，此後就幾乎沒有出現了。

在日本的明治維新當中，也有著許多的思想家和革命家。但回顧過去，當時實際上成為導火線的人，很明顯是極少數的人們。

切勿迎合同時代的價值觀，要持續地講述正確之事

在同時代當中，必然有著許多難以輕易理解的事情。

在迫害他人的人群中，也有著優秀之人。即便是優秀之人，一旦身陷於當時的體制當中後，亦無法從那個理論中逃脫出來，並且忠實地履行其職務。

今後我想世間當中，還會發生許多未必是正當的裁罰，以及未必是正當的價值觀。

不過，世間的審判、判定、評價等，即便和自己所想的不一樣，也絕對不可因此放棄自己所相信的道理，以及放棄探究真理的態度，須知「自己正在接受著考驗」。

回顧人類的歷史，自古以來，有著無數的人們哪怕賭上性命，也要堅守真理。

在這些人當中，既有人在後世重新獲得了正確的評價，也有人始終沒有得到評價而被視為異端。譬如，有眾多人士遭到處刑，在尚未恢復名譽的狀態下，便流逝於歷史的彼方。那樣的人亦透過其他的方式，開始遂行下一輪的工作。

在同時代當中，有很多人重複著這樣的歷史。我們未必要迎合時代的價值觀，必須堅持講述自己認為「正確」的道理。

7 活於真理之人永無失敗

「絕不放棄真理」的忍耐之心是很重要的

我所講述的「不敗之人」，並不是世俗意義上的「絕不會失敗」。

我也講述著「成功之法」，其中有一個面向當然是「於世間獲得成功、持續取勝的教義」，但同時亦有著相反方向的一面。

換言之，提及真理、佛法等這般層級的內容時，就必須具備著超越世俗的價值判斷、上下關係、勝敗結果的一面。因此，為了自己所選擇的價值觀而殉死，必須對此感到自豪。

我從信徒人數為零的狀態開始，走到現在這一步，從客觀來看，相信我的人在日本以及全世界的信仰者人數日益增多。我感到光明正持續地前進、發展、壯大。

不過，從幸福科學的根本教義，即「愛爾康大靈的定義」切入，直至能夠於真正地在地球上樹立「愛爾康大靈是地球上各種宗教和真理的中心指導者」之信仰，還是有著相當的差距。

換言之，「幸福科學做為各種宗教當中的其中之一」，這般評價，在一定程度上還能得到認同，但是想要繼續往上發展，恐怕就不會那麼簡單了。

現在，世界上有著基督教、佛教、伊斯蘭教、日本神道，以及其他為數眾多的宗教。但是，當幸福科學真正地壯大起來，讓這些宗教感受到威脅的時候，他們究竟會做出怎樣的反應、做出何種評價、進行各種形式的批判和攻擊，就不得而知了。

然而，抱持著「不論發生任何事情，也絕不放下真理的火炬」的忍耐之心，是非常重要的。我認為偉大之人，必定都會經歷忍耐的時期。

在同時代中，世人未確立林肯總統的評價

譬如，在美國，最近林肯（一八〇九年～一八六五年）也重新獲得了人們欽佩。從他當年在選舉當中的落選次數來看，我切身地感到「雖說是民主主義，但是美國人民實在是缺乏視人的眼光啊！」

就林肯的情況來看，他落選的次數，應該遠遠超過他當選的次數。他的演說是那般地精彩，人格亦相當地優秀，但實際上，他卻並沒有博得很多人氣。

此外，他長得很高，但是據說他患有某種疾病，所以可稱為蜘蛛型的人，是手腳很長且肥大的體型。這到底是真是假，我並不知道，但是也有人說「他的手很長，可以碰到膝蓋」。總之，他有著某種意義上的畸形，或者說和普通人的體型是有所不同的。

此外，據說他的長相也被人們批評為「面相不好」。他曾從一個孩子那裡收到一封粉絲信件，當中寫著「叔叔若是留著鬍子會比較好看一點」，於是便開始留起了鬍鬚，成為了我們所認識的林肯的樣子。

即便是這樣的人，當時也很少在選舉中勝出，直至現在他才被譽為

「在美國歷史上最受敬愛的總統」。事實上，在美國的歷史當中，他也是讓最多的美國人犧牲的總統。在南北戰爭中死了六十多萬人，是美國史上死亡人數最多的事件。

然而，美國人強烈地認為林肯總統阻止了美國一分為二的危機，統一了南北，建立了偉大的美國。

在無神的美國，林肯可謂是被尊崇為神一般的存在。然而，當時的美國人，並沒有具備如此能輕易看透這一點的眼力。即便在他成為總統後，北軍於南北戰爭中取勝，他最後卻在劇場遭到了暗殺。由此可見，即便在那個時點，他的評價也還是沒有確立。

從南軍的立場來看，因為自己迄今為止的財產權被奪走了，所以對他是恨之入骨。在當時，奴隸也是一種財產，因為對奴隸的解放，南方的棉花園經營受到了莫大影響。可是，林肯還是優先選擇了廢止歧視制度。

為廢止人種歧視而戰，結果遭到暗殺的金恩牧師

美國的種族歧視制度，看似被林肯廢止了，但實際上，歷經近百年也仍舊持續著。

為此，金恩牧師，即馬丁路德金恩（Martin Luther King Jr.）指出，「雖然林肯統一了國家，實現了平等，然而區分白人和黑人的城壁至今仍未被打破」，並發表了著名的演說「I Have a Dream」（我有一個夢想）。

他在其演說當中，講述道「我夢想有一天，黑人的孩子們可以和白人的孩子們，能夠友善地牽著手，並坐在同一張桌上，這樣的時代能夠來臨」。

這個金恩牧師，最後在汽車旅館的陽台上開會時，遭到槍擊暗殺。

就像這樣，世間當中有太多讓人感覺不合理的事情。

「活於信念之人」是不會被打敗的

不過，活於真理之人，即便在世間當中，於那個時間點未能獲得認同、遭到反對、迫害、壓制等等，但是藉由著那真理的「永恆性」和「普遍性」，往後必定能夠得到彌補。

我們幸福科學也是不顧自己的微薄之力，哪怕粉身碎骨，也一直在努力地改變日本、美國，以及中國政府的現狀，並且對於北韓和南韓、阿拉伯世界，以及其他的外國，也始終發表著自己的意見。

從客觀上來看，我們真的是力量不足。

或許現在還只是將石頭擲向坦克車一般的程度，但是我們相信「總有一天真理會傳播出去，真理絕不會退敗，必定會擴散開來」。

此外，我們還相信「在歷史的轉捩點上，真理必定會發揮有效的作用」。

當然，從客觀上我們也想走在成功的道路上，但即便是被迫延遲，或是前方之路被堵塞，我們仍必須持續地向世人展現「世間存在著無論如何也無法打敗之人」。

我強烈地希望後世之人能夠知道，「『活於信念之人』是不會被打敗的」。

為了「永不失敗之存在」而殉死的精神

我亦講述了許多關於成功的教義，但是另一方面，各位切不可忘記「就算在世間沒有獲得成功，也並不表示那是錯誤的」，這是從宗教的角度必須要提醒的道理。

換言之，「即便從世間的角度看似失敗了，但實際上卻並未失敗」的事情，可謂是不勝枚舉。

藉此，我們能夠永恆地持續光輝閃耀。

的確，不被世間認同的期間，會持續著非常痛苦、艱難的戰鬥。「要是真理能夠進一步傳佈就好了！要是有更多的人們信仰就好了」、「要是能夠獲得更多有力之人的認同和協助就好了」、「為何國際社會就無法認同我們呢？」、「為何我們就一直被埋沒於人們對宗教的歧視當中，難以逃脫出來呢？」等等，這樣的想法會不斷地湧現出來。

然而，隸屬於其他宗教的人們，勢必也有著同樣的想法。其他宗教的信眾們，或許也在抱怨「明明自己的宗教才是正確的，為何卻難以傳佈開來？為何卻得不到世界的認同？」

特別是從佛教界以及各種的傳統宗教等看來，想必會感到幸福科學講述著正好相反的內容吧！

譬如，他們會感到「在核電事故爆發以後，宗教界在反核運動的問題上，努力地形成了統一戰線。但是，『異端』的幸福科學卻呼籲推動核電事業，不斷攪局和妨礙，試圖奪取人們的『幸福』」。

此外，明明看到中國、南韓、北韓等國家正在擴張勢力，或許也有大量的人主張「在二戰當中，日本曾做了那般惡劣的事情，所以日本以外的國家獲得幸福是好事啊！日本走向沒落不是更好嗎？」

再譬如，就像在某種程度上有著宗教性的歐巴馬總統一般的人，或許會認為「日本的政權正在逐漸右傾，並且逐漸形成喚來戰爭的體制，這是非常令人堪憂的事態」。

就像這樣，對於事物的看法是多種多樣，並非是僅自己的想法就是全部，這也是事實。

然而，相信真理之人，
絕不可流於利己主義。
必須拼命用力地推動真理。
不論在世間勝利或挫敗，
即便是被打敗了，
亦有著「不敗之人」，
亦有著「永遠不敗之存在」。
須知「這個『永遠不敗之存在』，即為真理」。
切不可喪失為了這真理而殉死的精神。

第5章

逆轉常識

——開拓嶄新時代的「真理」的力量

1 和時代的「常識」對戰

自大悟以來，和人們「對於真理的不理解」持續戰鬥了三十多年

在即將迎來「大悟慶典」（紀念我獲得大悟而進行的慶祝活動）之際，本章的內容將以我過去講述自己的各種想法時的法話為基礎。

從我一九八一年的「大悟」，迄今已經過了三十多年，回顧我自己，我感到「自己真的是『戰士』」。特別是回顧近年來的自己時，這

種感覺就更加強烈。

如此戰鬥還沒有結束。

雖然已經轉動了法輪，但前途仍很遙遠，無明的暗夜仍很灰暗，和真理距離甚遠的人數仍還很多，儘管已向全世界開始傳佈教義，但我感到還遠遠沒有達到理想的境界。

然而，我認為「自己已講述了教義的原型」，並感到「『能夠將這教義推廣到何種程度』，就取決於今後的戰鬥」。

觀看過去的歷史，所有的宗教家無一例外地，皆和當時的「世間常識」進行了戰鬥。

人們為什麼會那麼健忘呢？

為什麼會無法理解這簡單的真理呢？

為什麼會如此頑固地，除了自己親眼所見、親耳所聞、親手所感觸的事物以外，其他的都不想去相信呢？

真的是太遺憾了！

因將《聖經》譯為捷克語，而遭到處刑的揚胡斯

此外，宗教家的戰鬥對象並非僅是「不信仰宗教之人」，這事實反而更加讓人感到悲傷。

譬如，在幸福科學的靈言當中，有一個是「揚胡斯和聖女貞德的靈言」，這兩位有著宗教信仰的人物，是距今約一四〇〇年前之人。

現在回顧揚胡斯的出生地，即捷克的歷史，可發現在當地相當於

「神」的存在就只有他而已，除此之外再無其他人。從描繪關於揚胡斯的繪畫等來看，就僅有他一人，看不到其他的神或天使等蹤跡。

此人是唯一轉生在捷克首都（布拉格）的光明指導靈，他亦被稱為「捷克的始祖之神」。

可是，對於揚胡斯，當時的天主教總本山梵蒂岡卻將其判為「異端之人」。

曾擔任過布拉格大學的校長的揚胡斯，他將耶穌的話語以及其言行錄，即《聖經》譯成了捷克語，並將此傳佈給眾人，但他也因為這個行為遭受到迫害，接受異端審問後，被處以火刑而死。

如果說那是「無宗教人士所做的」，那也不是無法理解。或者如果那是信奉古老宗教的人們，因為畏懼新的宗教而做的，倒也可以理解。

然而，胡斯初次將《聖經》譯為捷克語後，這種行為本身是被梵蒂岡判為「異端行為」，因而被處以火刑。

不過，此後因為國民們的怒火難以平息，進而爆發了名為「胡斯戰爭」的激戰。

將順從「神的聲音」的愛國少女聖女貞德處刑的教會

自揚胡斯身故之後，在短短大約一個世代左右的時間，法國出現了一位譽為「奧爾良的少女」聖女貞德。她是出生於一個名為棟雷米（Domrémy-la-Pucelle）的農村。

貞德在十七歲的時候，聽到了神的聲音——「要將棟雷米從英國的侵略中解放出來！並且要拯救法國！」進而她為了解放處於敵軍包圍中的棟雷米，遂挺身而出。

她在戰鬥當中，騎著白馬，親自揮劍衝入敵陣，並持續戰鬥了二年。其結果是奇蹟地解放了棟雷米，防止了法國的滅亡，且不久成功地讓英軍全部撤出了法國。

然而，拯救了法國的聖女貞德，卻遭到了法國天主教的聖職人員的異端審問，經過數次的盤問後，結果被判為「異端者」，處以火刑而死。

將其判為「異端者」的理由，是諸如「一個出生於農村、年紀輕輕，也看不懂法文的人，是不可能聽到神的聲音的」、「身為聖職人員的自己，都無法聽到神的聲音，神怎麼可能會降臨到她的身上」等等。

此外，貞德還被問及「是否有依循著古老天主教的教義，遵守父母的話語？」然後被強加上「如果沒有遵守父母的話語，那麼做為天主教教徒，即為異端者」之罪。然而，那般試圖實現解放法國的神聖少女，當然不可能獲得父母的同意。

由此可見，「聖女貞德當時的天主教聖職人員」，和「相信《舊約聖經》，卻將耶穌送上了十字架的，距今二千年前的猶太聖職人員」，其實並沒有什麼差別。

「從天上界派遣來的宗教改革家」遭到壓迫的歷史

聖女貞德被處刑後，經過五百年之久，終於被列為「聖人」當中的一位。

「聖女貞德是『神人』，並且『解放了法國，守護了其獨立』，這是神所命之神聖工作，沒有她，則不可能守護法國免遭滅亡」，這人盡皆知的事實。然而，教會卻花了五百年才予以承認。

最近，梵蒂岡教皇進行了交接。據說「非死亡之故，而是因為其他理由，於生前更換教皇，這次是六百年來第一次」。

這真是令人難以置信，和一般常識相比，不禁讓人感到那制度的陳腐。

關於梵蒂岡，近來流傳著各種醜聞，以及「和黑手黨的不義之財有關聯」之污穢謠言，想必現今一定有著眾多打著「宗教家」名號的政治家和權謀者，正橫行跋扈。

如此高明地遊走於世間的人們，想必是一直接連不斷地打壓，從天上界派遣而來真正的宗教改革者們。

2 踐踏神心的宗教界的「常識」

教會的真實想法，其實是不希望「耶穌復活」

本章的題目「逆轉常識」，並非僅是從「進入科學的啟蒙時代後，隨著『宗教』的隱退，取而代之，信仰基於唯物論的『科學』成為現代的常識。從此可見，宗教是不可信的」的意義上，使「常識」發生逆轉。

在宗教當中視為「常識」的思想當中，存在著踐踏神心的內容，並有著為數眾多的人，比起神心，更優先選擇明哲保身。因此，本章亦是對於如此意義上的「常識」進行逆轉。

這和俄羅斯的文學家陀思妥耶夫斯基（Fyodor Dostoevsky），在其作品《卡拉馬助夫兄弟們》當中，大審判官講述的話語亦是相通的。

在「大審判官」的章節中，講述了「耶穌於中世紀在世間復活」的內容。登場人物的大主教，看破了此人的其真實身分是耶穌，大主教知道了「能夠治癒病人、讓死者復活的這個人，正是耶穌本人」。

儘管如此，大主教還是將此人逮捕入獄，並進行了審問。最後雖然沒有判處死刑，但還是將他驅逐出城了。

那時，大主教在監獄中說道：「我們很清楚知道你是誰。但我們並不需要你，你為何要在這個時候來呢？你沒有必要過來！你的到來，只會讓我們建立的世界遭到破壞。」

就像這樣，儘管大主教知道此人是復活的耶穌，但還是將他驅逐出城，在該作品中有著如此描述。

將耶穌的靈魂兄弟托爾斯泰逐出教會的俄羅斯正教

在陀思妥耶夫斯基的相同時代，俄羅斯也出了一位名為托爾斯泰的文豪。我在二〇一二年收錄他的靈言時，他曾明確地講道「自己是耶穌的靈魂兄弟（分身）中的一人」（參考《來自托爾斯泰的人生箴言》〔日本幸福科學出版〕）。

其中，托爾斯泰如耶穌的說話一般，講述道「在光明存在之時，步行於光明之中」。但是，這樣的他，也在晚年被俄羅斯正教逐出了教會。他雖然是世界級的文豪，但因為「不被承認為正統的俄羅斯正教的信徒」，而被逐出教會。

從這個意義上來看，這個因耶穌而興起的教會，現在也變得無法理解耶穌之心。

充滿了重大誤解和錯覺的二十一世紀的「常識」

因此，我們現在必須要逆轉的「常識」，絕非僅是指汽車、行動電話、網路等物質普及的機械萬能、便利社會中的「常識」，除此之外，那些遵照著傳統宗教的各種各樣的思想，現正沾滿了塵土、污垢、塵埃、黴菌，已經看不見真相。

因此，正如方才的文學作品當中所講述的，即便是「耶穌般的存在」、「佛陀般的存在」，現在降臨於世間，也有可能是不受歡迎的。對於教會和寺院等各種大型宗派而言，為了維護自己的勢力，無法接受那般說法，也大多都是「必要的判斷」。

這般邏輯，在政治的世界當中也是通用的。

總之，一心只想著「為了既得利益和維持生計，努力讓既成構造一直持續下去」，並使用著各種手法伎倆的人，大多數都自稱為「政治家」。

此外，在宗教家當中，也有人一邊否定靈界以及靈魂的存在，一邊卻進行著供養，這實在是很遺憾。

或者是，一邊高喊著「醫學才是集結了現代最高水準的『知性』」，但是對於靈性現象，卻全部歸為「大腦的功能、精神作用、神經作用的問題」，進而予以否定，將其判定為精神疾病。

總而言之，「絕不承認沒有證據的事」、「絕不承認教科書上沒有講述的內容」，這般的思考方式是共通的。

此外，在經濟方面，至今仍有許多人信奉著馬克思的經濟思想。然而，根據幸福科學的靈性判定，他現在正處於名為「無間地獄」的地方（參考《馬克思和毛澤東的靈言》〔日本幸福科學出版〕）。

並且，根據幸福科學的靈查結果，證實了心理學家弗洛伊德所講述的是錯誤的心理學（參考《弗洛伊德的靈言》〔日本幸福科學出版〕）。

他的理論是「人的心理疾病，全部都是起因於『幼兒期遭遇的虐待和性欲』」，即「全部疾病都有著世間的原因」。而對於靈魂，他則採取即便不予提及，也無所謂的立場，這也是對於宗教性真理的否定。

就像這樣，為數眾多的孩子們，正在重大誤解的「常識」當中，接受教育、判定，以及菁英的選拔，並自認自己是普通的「常識之人」進入社會、出人頭地，進而帶動社會的發展。但是，不可不知「那大部分的內容，其實是腐舊不堪的」。

除了幸福科學以外，還有著其他各種各樣的教義，然而，任何一個地方都未能保留本來的原型而走向了崩潰，這即為二十一世紀的現狀。

「神光」未能普及於世界的現實

我於二〇一〇年前往巴西巡錫之際，前往了巴西規模最大的教堂，即「聖保羅教堂」。然而，聖保羅和耶穌之靈都沒有降臨該教堂，那裡僅是一副空殼。他們似乎關心其他的國家和地區，但兩位皆不存在於該教堂，對此我也感到很驚訝。

不過，其他地方想必也是那般情況。

我赴新加坡巡錫說法時，在當地的講演中，我也明確地講述相同的內容。

「在演講的前一天，我試圖尋找新加坡的神，但是召喚了好幾次，卻只有漁村的村長先生出現。很遺憾地，這個國家尚沒有神。雖然各位會覺得如此說法很失禮，但只顧著賺錢的新加坡的繁榮當中，神光並沒有降臨下來。因此，無神論的中國和精於賺錢的新加坡，雖然表面的樣子有所不同，但實質上並沒有多大差別。」

就像這樣，我率直地對人們講述。（二〇一一年九月十五日，於新加坡所進行的英語說法「Happiness and Prosperity」《幸福與繁榮》）

不得不說，沒有精神價值的發展和繁榮，實際上是非常空虛的。我們無論如何必須要逆轉如此世間的價值觀。

3 「科學的探究」和「宗教的真理」之間的關係

電影《接觸未來》中所描述對於「未知存在」的探究

但另一方面令人訝異的是，儘管不是很明確地知道其樣貌，但世界當中仍有很多人認同某種意義上的「神」的存在。

譬如，一九九七年美國製作了一部根據卡爾薩根（Carl Edward Sagan）原作改編的同名電影《接觸未來》（Contact），其中描述了科學家試圖證明「未知存在」的故事。

・透過解讀「來自宇宙的電波訊號」，明白了於星球間移動的方法

在這部電影當中，一位美國的女性天文學家使用電波望遠鏡等工具，試圖探究來自於宇宙的各種訊號，並持續了許多年。她認為「如果有著如同於地球這般的高度生命體，他們勢必會透過某種方式，來宣告自己的存在」，並希望能接收到如此訊號。但最終由於政府停止了對這項研究的資助，該計畫只能被迫中止。

就在那時，她接收到了來自距離地球二十六光年之外，天琴座織女星方向的電波訊號。經過解碼專家對於這些訊號的解讀，發現那是為了能夠前往織女星的移動裝置的設計圖。

・審核委員會將無神論者排除於「前往織女星的使者」之外

在挑選前往織女星的「乘務員」審核委員會上，十名獲得提名的候選人，要接受適性的訊問。

那時，做為最佳候選人的那位女性天文學家，對於「妳是否信仰神？」的提問，並未做出明確肯定的回答。她雖然沒有直接說自己是無神論者，但卻回答道「我的立場是『我無法相信沒有證據的東西』」。

對此，調查委員會所給出的意見是「全人類當中有百分之九十五的人，都信仰著某種形式的神。不宜派遣剩餘的百分之五當中的人，做為地球人的代表送往其他星球」。因此，她從最佳候選人中被除名了。

取而代之的是第二候選人，即一位有些心地不良的年長的科學家乘上了移動裝置。但是，這第二候選人的科學家，被基督教的極端原理主義者於裝置中安置的炸彈炸死。

然而，在日本的北海道，還秘密地建有一台備用的裝置，最終那位女性天文學家便踏上了前往織女星的旅程。

・終於實現了「和織女星人的接觸」

那個裝置的原理，似乎只是將一個球體狀的乘坐工具，推入一個高速旋轉後所出現的電磁場一般的空間當中，並藉由曲速（warp）前往織女星。

穿過蟲洞，她最終抵達了織女星，並遇見了織女星人。但是，那織女星人並沒有展現其真實樣貌，而是化成她已經過世的父親的樣子，進行了以下的說明：

「我們長久以來都是這樣活動的。宇宙當中有著許多的文明，並非是全部星球的人們都會前來這裡。然而，在這數億年期間，我們就像這樣邀請地球人前來，並透過重現此人記憶當中的人物的姿態進行會面。」

和這般的外星人有過交流經驗後，她便返回到了地球。

・苦於沒有「和外星人接觸過的證據」的女性科學家

然而，她主張「自己是前往了織女星」的這段時間，在現實當中，僅僅是球體的乘坐工具從上方落下去的動作而已。因此，周遭人們都認為實驗失敗了。從各個角度所拍攝的影像來看，球體消失的畫面僅是一瞬間而已。單憑這個現象，是無法證明「她前往了織女星」。

當被問及「妳說自己見過織女星人，那麼妳有證據嗎」時，這位女性天文學家做出了如下回答：

「我沒有任何的證據，什麼都沒有。如果各位認為我是在『妄想』，我沒有人和反駁的材料。但是，我認為我自己所經驗的，絕非是妄想或空想。做為一個長期從事實驗科學的人、一個觀察者，我認為那絕不是自己的妄想或願望，而是我實際前往過織女星的記憶。」

換言之，在此之前不相信神的存在，主張「只相信有證據的東西」的科學家，實際經歷了來回於織女星的體驗，進而立場發生了逆轉，並開始說服那些不相信如此存在的人們。

儘管她堅持主張「雖然沒有任何證據，可以證明自己經驗過的事情，但怎麼想都不會是自己的妄想」，但卻無法做出證明。只不過，她自身的世界觀發生了變化。

・因「外太空的神秘體驗」而改變了人生

如上所述，電影《接觸未來》的情節是「一位無神論者後來相信了『有著偉大的宇宙的創造者、偉大的存在』」。

事實上，在曾經去過月球表面等等的太空人當中，有許多人在宇宙經歷了神秘體驗，回到地球後便成為傳教士，或進入了各種各樣的宗教。經歷過神秘體驗的人，大有人在。

這部電影的背景，即存在著如此情事。

原本是無神論者的女性天文學家，即便沒有任何證據，但在實際體驗了那般無法說是「錯誤」、「不能相信」的事實以後，也不得不予以承認了。

・約一秒鐘之間所記錄的「十八個小時的靜電干擾」之謎

不過，這部電影還留有一個重要的片段。在那個球體落下的過程中，大約有一秒鐘的瞬間，錄影影像沒有拍攝到球體。

其實是她將錄影裝置拿到了織女星，一邊講述自己看到的東西，一邊進行攝影。

雖然最後那段錄影只有錄下了雜音，但經過調查後，發現其紀錄的時間竟然長達十八個小時。那個「約一秒鐘的空白」的瞬間，事實上是經歷了十八個小時。因此，最終至少可以知道，她在這段期間，必定前往了某個地方。

可以推定，在製作這部電影的過程中，必定加入了某種程度的來自美國太空總署（NASA）方面所提供的「宇宙資訊」。想必他們掌握了許多關於織女星的資訊。

即便沒有證據也接受「結論」，方才是信仰之姿

幸福科學所進行的活動，或許也是這般的工作。

現代人都在追求「證據」。對於沒有證據的事物，必須要累積證據，否則就不予認同。就好比是刑事的犯罪搜查一樣，首先從採集指紋開始，之後再尋找物證和人證的自白、證言等各種各樣的事物，才能予以證明。如今已經變成了沒有進行歸納法的證明，人們就不會予以承認的時代。

然而，除此之外，亦有著從「結論已定」的思考方式出發，進行演繹分析的方法。

為此，我現在正驅使著各種各樣的靈性能力，講述著關於「宇宙」

和「未來」的訊息。

這些都不是基於現今有著某種積累的證據，從而進行的發言。我也不可能拿出「只要挖掘遠古的地底層，即可發現六千五百萬年前恐龍曾於地上生活過」這般的證據。關於未來的事情，我沒有證據；關於宇宙的事情，我也拿不出證據。

然而，如果能夠看到未來，以及能夠看到「進到宇宙之後，會經歷什麼」的結論，那麼接下來要做的就是去一步一步地探究，到底要如何才能達到這樣的結論，這也是一條探究之路。

因此，不僅是有著「從現實當中累積證據來進行判斷」的歸納法，亦有著「從結論來看，應該如何進行思考、判斷」的演繹法。

這種「首先接受結論」的思考方式，其實就是宗教之姿。宗教當中的信仰，即是如此。如果不接受結論的話，人就不會想要去瞭解，也無法瞭解。

歸根結底，如果不承認神的存在，那麼一切都將變得虛無。

「現代是最先進的」，如此想法是極度傲慢

然而，也有人指出「一切事物都只限於世間」、「除了自己所見、所聞、所感受的事物以外，世間什麼也不存在」。

就像這樣，對於「除了自己親眼所見、親耳所聞、舌頭所感受、手指所觸碰的事物以外，無法相信其他的任何事物」的人而言，有著宗教信仰之人的行為，全部都是妄想、空想，或者說得不好聽一點，就是詐

欺。

在科學家之中，也有為數眾多的人堅持認為「人類有著『信仰宗教』的愚蠢時代，且有史以來，至少一直持續了數千年之久。然而，隨著科學的進步，這樣的迷信逐漸衰弱，直至最近數年，才好不容易走進了光明的世界，步入了開放的世界」。

很遺憾地，這種想法是傲慢的傲慢。

若是以為透過最近的一、二百年，便以為「掌握了所有的真理」，是一種傲慢的想法。如果主張「二千年前，或三、四千年前的人類，在道德、情緒、哲學、真理等方面，都遠不如現代人」的話，那亦是非常傲慢的想法。在古代人當中，也挖掘出了比現代人的頭蓋骨還要來得大的人種。因此，除非是和他們見面並交談過，否則就無法證明「他們不如現代人」。

譬如，即便是知道了「克羅馬儂人（Cro-Magnon man）的大腦，似乎比現代人的還要來得大」，但現在也無法重現「他們進行了怎樣的思考，有著怎樣的文明、文化」。

對於這般的內容，可以瞭解的唯一途徑，就是透過我來進行「回溯解讀前世」（相當於六大神通力的「宿命通」的高度靈性能力。參考《不滅之法》〔日本幸福科學出版〕）來進行了解，但在現今時點，我無法拿出證據。然而，就算是拿不出證據，也不能說它就是「不存在的」。

向現代的「常識」進行挑戰的「公開靈言」系列

做為「證明靈界存在」的一環，我在幸福科學的最初期，有過一段時期出版了為數眾多的靈言集。在此之後，我將重點轉移到以我的思想為中心的理論書籍，整合教義，開展了長期的活動。

但是，從二〇一〇年開始，我又開始重新出版了許多的靈言集，即「公開靈言系列」（參考《亞特蘭提斯及雷姆利亞滅亡的真相》）。

其中，有三百位以上的靈人登場（截至二〇一三年十二月）。能夠出版如此大量的靈言，即是對於現代的「常識」進行挑戰。現代人正面對著「到底要相信這是『真實』的，還是視之為『虛假』」的問題。

如今，從幸福科學在大型報刊等持續刊載著書籍廣告來看，他們也逐漸明白了「『幸福科學』似乎並非是瘋人集團」。與此同時，他們也慢慢理解了「稱為『大川隆法』的人，並沒有達到『發瘋』的地步。他也能夠做出非常合理、知性的判斷，並發表富有道理的言論」。

反而是要證明幸福科學是瘋狂的，還比較困難。

總之，我們現在正在樹立某種「權威」，並向人們提示應有之姿和思考方式，以及「何謂正確」。

4 打破錯誤「常識」的真理力量

「來自天上界的訊息」使世界開始發生巨大動搖

在幸福科學所提示的「正確」當中，雖然也有著從「藉由各種靈性實驗的積累而得出的結論」出發，進而講述見解的一面。但基本上是如同於方才所述，我提示著從空中、宇宙的中心，以及天上界的中心所降臨的力量、光明和思想。

當然，「累積靈言集」也是一種世間比較能夠容易理解的證明方式。當今世界，沒有一個人能夠出版如此數量的靈言集。

我不知道機率是否是適用於這個問題上。但是，「能夠將數百位離世之人的靈言，編輯成書而出版」的機率，不知是否有著百萬分之一、千萬分之一，或一億分之一的可能性，我想從機率來說是無人能夠做到的。

然而，我持續地出版著靈言集。其中，還出現了相當於日本草創期的神靈們。而且，這些靈言，如今亦使基督教、伊斯蘭教、日本神道的世界，以及其他的無神論國家開始發生了動搖。

就像這樣，現在爆發著一場靈性的巨大洪流。

如果《古事記》、《日本書記》等著作中出現的日本草創期的神靈們已經降臨的話，他們就勢必正在考慮如何「重建日本」、「新的出發」、「再造新的國家」等工作吧！並且藉此亦會對世界的宗教產生碩大的影響。

此外，在據稱「近七成國民都為天主教信徒」的巴西，我已經進行了確認，耶穌和聖保羅皆不存在於該國。

然而，耶穌卻經常來到幸福科學，進行靈性指導。對於梵蒂岡而言，這或許是很不服氣的事。對於他們而言，耶穌是絕不可以講述義大利語以外的語言的存在，但很遺憾的是，他也用日語進行發言。

不過，耶穌並不會在日本的教會講話。這真的是很不公平。他們肯定是盼望著「要是耶穌能夠降臨到信仰他，並向十字架祈禱的人們所在的地方就好了」。或許耶穌會降臨到製作聖誕蛋糕的公司，但我知道他似乎沒有前往教會。

這是因為我很清楚，正如前方所述，如果耶穌現在前去教會的話，很快就會變成被打壓的對象。

將靈性真理扭曲為「唯物論」是現代人要負的責任

在基督教當中，迄今仍有著否定神秘和靈性事物的傾向。

此外，從佛教二千五百年的趨勢當中，也能夠看到唯物論的想法。單獨抽取教義當中的一部分，就有可能變成唯物論的教義。

譬如，假設我講述了以下的教義：

「各位都想要『活得長壽』，或是『活得長壽又幸福』、『活得富足又幸福』吧！

但是，每一個人都將毫無例外地離開世間。不管再怎麼鍛鍊身體、踐行各種健康法，等到幾十年過後，也必定會走向死亡。

死後，肉體火化後都成為灰燼，並葬入墳中。最近還流行『自由葬』，將骨灰撒向大海或是山中，人最終都會變成如此。」

若從以上講述的教義當中，單獨抽出「死後將化成灰燼」的部分，則可解釋為「原來人死後，一切都結束了」，藉此便能夠從中引申出「唯物論」來。

總而言之，我認為實際上並非是原本的教義中存在問題，而是有人將這教義對照自己個人的人生觀，僅僅挑出從現代的立場上對自己有利的內容，散佈如此內容的人有著責任。

人們相信吉田松陰是「具有神格的存在」

天上界當中，既有著稱為佛神的存在，也有著協助祂們的眾多光明天使和菩薩。正因如此，這才是真實的！

為數眾多的天使和菩薩們，屢次轉生到世間，指導世間的人們。正因為如此，才證實了「佛神是存在的」。

若非如此，而是被放置不管的話，人們就無法感受到佛神的愛和慈悲了。

過去我曾去過位於山口縣荻市，吉田松陰的松下村塾和松陰神社，當時有著以下的感想。

吉田松陰身故，才不過經過一百五十年而已。但是，祭祀松陰的神社已經變得非常雄偉。神社有著兩道鳥居，不僅於參拜道路的入口豎立著鳥居，連裡面的本殿前也建立了鳥居。由此可看出，在山口縣中，吉田松陰被奉為最高級的神明。

他死後才不過一百多年，就已經有著神格，任誰都不懷疑他是神的事實。

然而，若問吉田松陰在生前做過什麼事，其答案就是他在沒有獲得許可的情況下，擅自脫藩，抱持日本國防的觀點，環顧海岸線以及其他藩邦等各個地方，並在下田這個地方搭上培理（Matthew Calbraith Perry）的船隻準備前往美國。其結果是，他被帶到了山野間的牢獄，最終於小傳馬町的監牢中被判處死罪。

從世俗的角度來看，他的一生是「失敗」的歷史。他只活了二十九年又二個月。然而，祭祀此人的神社，如今其規模卻是非常浩大。

換言之，人們很清楚「此人雖然是一百多年前的人，但本來是具有神格的存在」。

當時，我便感覺到在明治時期，儘管長州出了為數眾多的偉人，但是人們能明確地區分吉田松陰的神格，和這些人是不同的。

「真理的戰車」將粉碎名為「常識」的迷妄

幸福科學現在尚未普及到整個日本，在國外也還有著尚未普及到的地方，但是，我對於人類有著一定的信賴。

我相信我們所遂行的活動、所講述的話語，在不久的將來、至少在這個二十一世紀當中，必定會得到全世界的認同。

如果從學校中所教授的「教科書層面的常識」，或現代社會所流傳的「古老的宗教常識」進行思考的話，或許會認為我們現在所講述的話語是荒唐無稽的。

然而，在佛教的經典當中，明確地寫道「釋迦有著六大神通力」，以及「能夠看透過去、現在和未來」、「能夠幽體脫離」等等。如今，我正在現實中進行著相同的事情。多數的人們都只將這些事情當成傳奇故事來看，所以才會無法理解，但事實上有人能夠做到這些事情。

現在，我們正在努力打破現實世界中的思考方式，即「大眾媒體的常識」，同時也要打破宗教意義上的「傳統的常識」。

真理是強大的！
「真理的戰車」，
必將粉碎迷妄並勇往直前。
我經常講述的「不惜身命」一詞的意義，
終有一天會為全世界的人們所理解。
我打從心底盼望，
為了那一刻的到來，
各位務必要保持堅強，
並長久地抱持著信仰！

後記

從釋迦、耶穌、蘇格拉底和孔子的四大聖人，直到揚胡斯、林肯、吉田松陰等等，本書列舉了為數眾多的事例。

名留青史的人們，未必都是一帆風順的人生。

即便是很痛苦，在持續忍耐的過程中，真實會發出光輝。在忍耐之時，須堅強己心，即便身處平凡，也要孜孜不倦地持續努力。

當各位以克服低潮、戰勝試煉、逆轉常識為目標時，終有一天就會明白「世間有著無論如何也無法打敗的人」。

屆時，各位亦將感受到「德」的產生。
我們已經跨越了世間「常識」的邊界線，今後必須要抱持不退轉的信念持續戰鬥下去。

二〇一三年　十二月

幸福科學集團創立者兼總裁　大川隆法

◆◆◆ 大川隆法「法系列」◆◆◆

太陽之法

邁向愛爾康大靈之路

法系列
第**1**卷

定價400元

基本三法的第一本

本書明快地述說了創世紀、愛的階段、覺悟的進程、文明的流轉，並揭示了主・愛爾康大靈的真實使命，同時也是佛法真理的基本書。《太陽之法》目前已有23種語言的版本，更是全球累計銷售突破1000萬本的暢銷作品。

第一章	太陽昇起之時	第四章	悟之極致
第二章	佛法真理的昇華	第五章	黃金時代
第三章	愛的大河	第六章	愛爾康大靈之路

現代武士道

從平凡出發

現代武士道

定價380元

正是在這不安、混亂的時代，就越是要以超越私利私欲的勇氣之姿迎戰。
本書清楚究明淵源流長的武士道，並訴說不分東西，自古延續至今的武士道精神——貫徹「真劍勝負」、「一日一生」、「誠」的精神。

第一章　武士道的根本—武士道的源流
第二章　現代武士道
第三章　現代武士道 回答提問

天御祖神的降臨

記載在古代文獻《秀真政傳紀》中的創造神

天御祖神的降臨

定價380元

三萬年前，日本文明早已存在——？！回溯日本民族之起始，超越歷史定論，究明日本的根源、神道的祕密，以及與宇宙的關係。揭開失落的日本超古代史的「究極之謎」！

PART Ⅰ　天御祖神的降臨 古代文獻《秀真政傳紀》記載之創造神
第1章　天御祖神是何種存在
第2章　探索日本文明的起源 天御祖神的降臨
PART Ⅱ《天御祖神的降臨》講義
第1章　《天御祖神的降臨》講義 —日本文明的起源為何？—
第2章　提問與回答 —探索日本與宇宙的祕密—

HAPPY SCIENCE

幸福科學集團介紹

幸福科學透過宗教、教育、政治、出版等活動，以實現地球烏托邦為目標。

幸福科學

一九八六年立宗。信仰的對象為地球靈團至高神「愛爾康大靈」。幸福科學信徒廣布於全世界一百多個國家，為實現「拯救全人類」之尊貴使命，實踐著「愛」、「覺悟」、「建設烏托邦」之教義，奮力傳道。

愛

幸福科學所稱之「愛」是指「施愛」。這與佛教的慈悲、佈施的精神相同。信眾透過傳遞佛法真理，為了讓更多的人們能度過幸福人生，努力推動著各種傳道活動。

覺悟

所謂「覺悟」，即是知道自己是佛子。藉由學習佛法真理、精神統一、磨練己心，在獲得智慧解決煩惱的同時，以達到天使、菩薩的境界為目標，齊備能拯救更多人們的力量。

建設烏托邦

我們人類帶著於世間建設理想世界之尊貴使命，而轉生於世間。為了止惡揚善，信眾積極參與著各種弘法活動。

入會介紹

在幸福科學當中，以大川隆法總裁所述說之佛法真理為基礎，學習並實踐著「如何才能變得幸福、如何才能讓他人幸福」。

入會

想試著學習佛法真理的朋友

若是相信並想要學習大川隆法總裁的教義之人，皆可成為幸福科學的會員。入會者可領受《入會版「正心法語」》。

三皈依誓願

想要加深信仰的朋友

想要做為佛弟子加深信仰之人，可在幸福科學各地支部接受皈依佛、法、僧三寶之「三皈依誓願儀式」。三皈依誓願者可領受《佛說・正心法語》、《祈願文①》、《祈願文②》、《向愛爾康大靈的祈禱》。

幸福科學於各地支部、據點每週皆舉行各種法話學習會、佛法真理講座、經典讀書會等活動，歡迎各地朋友前來參加，亦歡迎前來心靈諮詢。

台北支部精舍
台北市松山區敦化北路 155 巷 89 號

幸福科學台灣代表處
台北市松山區敦化北路 155 巷 89 號
02-2719-9377
taiwan@happy-science.org
FB：幸福科學台灣

幸福科學馬來西亞代表處
No 22A, Block 2, Jalil Link Jalan Jalil Jaya 2,
Bukit Jalil 57000, Kuala Lumpur, Malaysia
+60-3-8998-7877
malaysia@happy-science.org
FB：Happy Science Malaysia

幸福科學新加坡代表處
434 Race Course Road #01-01
Singapore 218680
+65-6837-0777
singapore@happy-science.org
FB：Happy Science Singapore

忍耐之法　為了逆轉「常識」

忍耐の法 「常識」を逆転させるために

作　　者／大川隆法

出版發行／台灣幸福科學出版有限公司
104-029 台北市中山區中山北路三段 49 號 7 樓之 4
電話／ 02-2586-3390　傳真／ 02-2595-4250
信箱／ info@irhpress.tw
法律顧問／第一法律事務所　余淑杏律師

總 經 銷／旭昇圖書有限公司
235-026 新北市中和區中山路二段 352 號 2 樓
電話／ 02-2245-1480　傳真／ 02-2245-1479

幸福科學華語圈各國聯絡處／
台　　灣　taiwan@happy-science.org
地址：台北市松山區敦化北路 155 巷 89 號（台灣代表處）
電話：02-2719-9377
FB 粉絲頁：幸福科學－台灣
新 加 坡　singapore@happy-science.org
馬來西亞　malaysia@happy-science.org
泰　　國　bangkok@happy-science.org
澳大利亞　sydney@happy-science.org

書　　號／978-626-96750-0-5
初　　版／2022 年 11 月
定　　價／380 元

Originally published in Japan as
'*Nintai-no-Ho*'
by IRH Press Co., Ltd. Tokyo Japan

國家圖書館出版品預行編目 (CIP) 資料

忍耐之法：為了逆轉「常識」／大川隆法作；-- 初版. -- 臺北市：台灣幸福科學出版有限公司，2022.11
352 面；14.8×21 公分
譯自：忍耐の法 「常識」を逆転させるために
ISBN 978-626-96750-0-5（平裝）

1. CST：新興宗教 2. CST：靈修

226.8　　111017328

廣　告　回　信	
台北郵局登記證	
台北廣字第5433號	
平　　　　信	

IRH Press Taiwan Co., Ltd.
台灣幸福科學出版有限公司

104-029 台北市中山區中山北路三段49號7樓之4
台灣幸福科學出版　編輯部　收

請沿此線撕下對折後寄回或傳真，謝謝您寶貴的意見！

大川隆法
Ryuho Okawa

忍耐之法

台灣幸福科學出版有限公司

忍耐之法
讀者專用回函

非常感謝您購買《忍耐之法》一書，
敬請回答下列問題，我們將不定期舉辦抽獎，
中獎者將致贈本公司出版的書籍刊物等禮物！

讀者個人資料　　※本個資僅供公司內部讀者資料建檔使用，敬請放心。

1. 姓名：　　　　　　　　　性別：□男　□女
2. 出生年月日：西元　　　年　　　月　　　日
3. 聯絡電話：
4. 電子信箱：
5. 通訊地址：□□□-□□
6. 學歷：□國小 □國中 □高中／職 □五專 □二／四技 □大學 □研究所 □其他
7. 職業：□學生 □軍 □公 □教 □工 □商 □自由業□資訊 □服務 □傳播 □出版 □金融 □其他
8. 您所購書的地點及店名：
9. 是否願意收到新書資訊：□願意　□不願意

購書資訊：

1. 您從何處得知本書的訊息：（可複選）□網路書店　□逛書局時看到新書　□雜誌介紹
   □廣告宣傳　□親友推薦　□幸福科學的其他出版品　□其他
2. 購買本書的原因：（可複選）□喜歡本書的主題　□喜歡封面及簡介　□廣告宣傳
   □親友推薦　□是作者的忠實讀者　□其他
3. 本書售價：□很貴　□合理　□便宜　□其他
4. 本書內容：□豐富　□普通　□還需加強　□其他
5. 對本書的建議及讀後感
6. 盼望您能寫下對本公司的期望、建議…等等。

IRH Press Taiwan Co., Ltd.
台灣幸福科學出版有限公司